ちくま文庫

ぐろぐろ

松沢呉一

JN285988

筑摩書房

本書をコピー、スキャニング等の方法により無許諾で複製することは、法令に規定された場合を除いて禁止されています。請負業者等の第三者によるデジタル化は一切認められていませんので、ご注意ください。

本書を、連載一回目から抗議してきた読者に捧ぐ。

目次

※くれぐれも誤解しないでいただきたいのですが、この本は「悪趣味ブーム」とはまったく関係がありません。

※本書は、ヘヴィメタル雑誌『BURRN!』(バーン・コーポレーション)一九九三年十二月号から始まった「アナルは負けず嫌い」をまとめ、世間体を考えて改題したものです。

※もともとこのような内容の連載にするつもりはなく、たった一人の読者の抗議によって連載内容は定まり、その過程をも読んでいただくべく、あえて連載時の内容、言葉遣いをそのまま残し、臨場感(?)を再現することにしました。

※その後、著者の考えや事実関係が変わってしまったところもありますが、本文に手を加えず、「注」と「追記」で処理しました。

◆連載タイトルについて

この連載は一体何についての連載か。それは謎である。書き始めた今になっても、私自身、皆目見当がつかないのだが、その指針になるであろうタイトルについて解説しておく。「アナルは負けず嫌い」というのは、SM雑誌『S&Mスナイパー』（注1）の編集長（注2）から教えてもらったフレーズで、今では私の座右の銘となっている。

世の中にはアナル・マニアという人たちがいる。肛門にブツを入れられることを好む人たちや肛門にブツを入れるのを好む人たちである。「アナルは負けず嫌い」のアナルとは、主として肛門にブツを入れられるタイプのアナル・マニアを意味する（注3）。

このタイプのアナル・マニアは、まずゲイのネコ役にいる。勘違いしている人が多いが、ゲイのすべてがアナル・セックスまでやるわけではなく、特に日本ではその率が低いのだが、実践者を探すことは全然難しくない。

また、SMのMにもこのタイプはいる。これまたMがすべてアヌス好きというわけではないのだが、SMにおいて肛門責めは非常にポピュラーなプレイで、Mの半数以上は何らかのプレイを肛門に施されたことがあるはずだ。

さらに、ゲイやSMマニアではない男や女にだってアナル・マニアはいる。肛門にチンコを入れて欲しがる女性には複数会ったことがあり、性感マッサージで指を突っ込まれるのを好む男性もいる。

肛門の快楽については、あれこれリサーチをしているのだが、女性の場合は膣と肛門は間に皮一枚しかないから、最終的に快楽はどちらに入れても変わらなくなるもののようだ。男の場合は秘密の快楽小箱、前立腺への刺激によってチンコ以上の快楽が得られる「前立腺派」を筆頭に、「中でなく、入口がいい」「前立腺に限らず腸壁全体がいい」「肛門を広げることにより、自分の肉体を制覇していく精神的な快楽が強い」など流派は細かく分かれる。少し試したことがあるだけの私にゃよくわからんが、大層気持ちがいいものらしく、しばしば射精の快楽をも超えるという。

とりわけ拡張に向かう流派のアナル・マニアは際限がない。チンコを肛門に入れられるだけで満足するのもいるが、拡張系アナル・マニアは、自分の指から始まって、バイブを入れるなどして、どんどん肛門を広げていく。

肛門を広げるための拡張器もSMショップには売っていて、やがてフィスト・ファック(腕の挿入ね)までやるようになり、遂には頭まで肛門に入る(スカル・ファックね)。

どうしてそんなことが可能なのか想像もつかないだろうが、以前、ゲイによるフィスト・ファックのビデオを見たら、いとも簡単にズボズボと腕が入っていくのに驚いた。ここまでいくと、肛門の括約筋が切れたりしているんじゃないかとも思うが、切れてもダイジョブ。拡張器はアナルストッパーとも呼ばれ、これをしておけば、しっかりアヌスの栓にもなる（大型のものはソフトボールより大きい）。

では、どうしてここまでやるのか。ビデオに出ていた男は、ものすごい歓喜の声を上げていたから、やっぱり気持ちいいんだろう。と同時に、もともとこういったタイプの人は人一倍競争心が強いのかもしれない。

M男さんたちはよく如何にひどいことをされたかを自慢し合う。

「オレなんて、この間、女王様に、焼印を押されちまってよー。尻の水ぶくれを見てくれよ」

「こりゃ、ひどい。でも、オレも、指の水掻きに釘を打たれて張り付けになったまま、二時間も放置されてさ。水掻きの穴がまだ塞がらねえよ」

「そりゃ、あんまりじゃねえか。でも、マブタを糸で縫われて化膿したオレも、あんまりだろ」

「うわー、ひどくていいなあ」（以上のような調教はすべて本当にある）

知合いの女王様（けっこうかわいいが、性格は恐い）によれば、M男には共通してこのようなところがあるらしい。

そして、『S&Mスナイパー』の編集長によると、Mの中で最も負けず嫌いがアナル・マニアなのである。

私はこの話を聞いてえらく感動した。肛門はウンコを出すだけでなく、努力をすると頭まで入れられるほどの可能性を秘めている。汚い部位として滅多に顧みられることのない肛門であるが、普通の人には思いもつかぬ可能性をここに見いだし、真摯にその可能性を追い求めれば、いつか思いは成し遂げられる。

そもそも肛門は人間にとってなくてはならない器官だ。手や足の一本二本なくても、目や鼻のひとつふたつなくても生きていける。しかし、肛門（あるいは人工肛門）がないと、人は生きていけない。どこからもウンコを出せなければ、早くて三日、遅くても一カ月で確実に人は死ぬ。その意味で、口と同じくらいに意識されていいはずの肛門だが、ほとんどの人は年に一回も鏡に映して、その姿を確認することはないだろう。

対して、アナル・マニアの方々は日々肛門の存在を意識し、愛《め》でる。果たして一体どちらが自分の体を愛しているのだろうか。

私は「アナルは負けず嫌い」という言葉からあまりに多くのことを学んだ。キリストが聖者になったのも、野口英世が医者になれたのも、ネルソン・マンデーラがシャバに出られたのも、ベルリンの壁が崩壊したのも、自民党政権が倒れたのも、すべてはこの言葉に集約されている。

これが、この連載のタイトルの意味である。で、連載はどういう内容になりそうかというと、やっぱりまだわからない。一朝一夕で事に結論を出すわけにはいかないことも、私は肛門から学んだのであった。

（93年10月記）

注1：この当時はミリオン出版。九七年末より、ミリオン出版から枝分かれしたワイレア出版が発行。以下、掲載された当時のまま、すべてミリオン出版にしてある。

注2：その後、編集長は交替し、前編集長は現在愛知県で焼き物をやっている。

注3：本来、アナルは形容詞、アヌスは名詞であり、単体で使用するなら、「アヌスは負けず嫌い」と名詞のアヌスを使うべきだが、肛門自体に意志があるわけではなく、ここでのアナルは、アナル・マニアの略だとご理解いただきたい。

◆謝罪と反省1

一体どういう連載かわからないまま始まった「アナルは負けず嫌い」であるが、早くもこのタイトルがえらく気に入ってきた。前号に書いたように、人間の根源をえぐるその深遠な意味合いからだけでなく、このフレーズ、けっこうシャレていることに気づいた。

スペインの片田舎に住むアベルという十四歳になる女の子がいる。家は牧場を営んでいるのだが、アベルの母親は、アベルが八歳の時に病気で亡くなった。以来、母親代わりに、二歳下の弟と三歳下の妹の面倒を見ながら、家事のほとんどをアベルが切り盛りし、時には牛の世話までやってのける頑張り屋さんだ。勉強もできるから、学校の先生や村の人の覚えもめでたい。

さて、上級生の卒業を記念しての演劇が学校で行なわれることになった。家事が忙しく、そんなことをやっている暇などないアベルだったが、前から憧れていたビクトルが主演男優に選ばれ、その相手役に、ライバルのイサベルが立候補したから、さあ大変。意地になって、アベルも思わず手をあげてしまったのだ。

というところから物語が始まる『アベルは負けず嫌い』というような文部省推薦児童文学か、地味だが評価の高いスペイン映画がありそうな気がしません？（注1）

タイトルへの理解と愛着をさらに深めていただいたことと思うが、編集長のコラムにもあるように、読者から私の原稿に対する抗議をいただいた（注2）。よくあることだ。

仕事以外じゃセックスのことを滅多に考えない私だが、いざ考える時は真剣に考え、ついつい́ディープな領域まで入り込み、やれチンコ（注3）だマンコだ、肛門だキンタマだと平気で口にし、原稿にもしてしまう。

下半身問題は人間にとっての最重要テーマのひとつであって、これを避けては音楽、映画、文学、絵画など、あらゆる文化は語れない。フロイト先生が指摘しているように、芸術活動は性的衝動の昇華したものなのである。フロイトの評価は昨今下がる一方だったりするが、表現活動が深層心理下で性的なものと密接につながっていることは誰も否定できまい。芸術家というもの、広い意味での性的コンプレックスが必ずあるものなのである。

乳ガンや子宮体ガンといった病気は、セックスをしていない人に多く見られ、一方で、子宮頸ガンという病気はセックスをたくさんしている女性の方がかかりやすい。恋をするときれいになると言われ、最近では女性誌がセックスをするときれいになるとの特集を組んでいるように、セックスは女性の心身に良くも悪くも非常に大きな影響を与える。本来人間はセックスするようにできているのだから、これは至って自然なことだ。

婦人科的な領域の問題だけでなく、親が性的にうまくいってないと、子供が病気になったりもする。ウソのようだが本当の話だ。医者が書いている本にもこういった話は出ていて、いつも喧嘩していたり、離婚の危機にあったり、浮気をしていたりする両親を持った子供はゼンソクや夜尿症になりやすい。この私がそうだ。うちの父親は愛人を作り、一時離婚の危機にあって、小学校の高学年になってもまだ寝小便を時々してましたからね。

また、人間というもの、性的に抑圧があると攻撃的になりやすい。ボクサーが試合前に禁欲するのも、結婚して人間が丸くなるのも、性的タブーの多い文化ほど好戦的だったりするのも、すべて根拠がある。

源氏物語を読めば一目瞭然だが、安穏としていた平安時代、貴族達はセックスしまくりだった。ところが、武士が台頭して戦乱の時代に入り、武家の禁欲的な文化が、それまでの通い婚のようにラフな性関係を潰していく。

身分差や病気、災害などはあったにしても、全体としては平和だった江戸時代、性的抑圧の強い儒教文化を精神的バックボーンにしていた武家社会を除き、日本人は性的に非常に大らかだった。世界に誇るべき日本の芸術、浮世絵の主流は美人画でも役者絵でもなく、チンマン丸出しの春画だ。

といったように、セックスは人間のあらゆる営みに影を落としている。にもかかわらず、現在、世の中に流れるセックス情報は、態位がどうした、性感帯がどうした、どうしたら女と一発できるかみたいなものばかりで、あれではとても性の深淵に迫ることはできまい。そう考えて私は、ここ二年以上、数百万円もの金をかけて明治以降の性科学・性風俗関係の資料を買い漁り、嫌われるのを承知で女の子に話を聞きまくり、それまではほとんど行かなかった風俗産業にも足を運んで、誰も書かないセックスの真実を原稿にし始めた。

この過程で、それまでの約六年間、思うところあって年に一回するかしないかだったセックスを久しぶりに積極的にするようになり、女性に迫られた時は面倒臭がらずにお相手するようにしている（それでもやっぱり面倒だったりもすることはよくある）。

しかし、世の中には、こういったものをあくまで見たくない人がいて、膨大な時間と労力と金と精子を注ぎ込んだ私の原稿を読むと不快になるものらしく、雑誌『アサヤン』でやっている連載「オチンチンの肖像」も、読者アンケートで、二位を大きく引き離してのワースト一位を独走中である（注4）。

もちろん、格調高い、あるいは小難しい文章でセックスのことを書いても誰も抗議するわけではなく、仮にまったく同じ内容のことを書いたとしても、チンコ、マンコ、せんずり、まんずり、チン汁、マン汁といった直接的な表現をすると途端に不快になる人がいる。ここにこそ、セックスに対する社会的禁忌の秘密が横たわっており、これまた私が調査し続けているテーマだ。

とはいっても、人を不快にさせることが私の本意ではないので、ここは深く反省する。

この連載で不快になった人がいたのは本当に申し訳なかった。今すぐにでも、その読者の家に駆けつけ、家の前に土下座し、便所掃除をし、庭の植木を剪定して、心からの謝意を表したい気持ちでいっぱいである。他人の気持ちを思いやることさえできない未熟者の勇み足として、なんとかお許しいただけないだろうか。

今後は、いろいろな読者がいることを金玉のシワの隅々まで念じておきたい。この連載の第一回で書いたことで言えば、フィスト・ファック、スカル・ファック、肛門拡張器といったことがその読者を不快にさせたようなので、こういったテーマは、この連載で金輪際書かない。発泡スチロールをこする、黒板に爪を立てる、爪の間に針を刺す、イヤリングが引っ掛かって耳たぶがちぎれる、口を開けて寝ていたら天井から落ちてきたゴキブリが口に入るというのも、考えただけで無条件に背筋がゾーッとする人が多かろうから、もう書かない。これが最後だ。

もー、私ったら、ものすごく反省していて、心から読者に謝罪したいので、次号もどういう話を書かないかの続きだ。

（94年1月記）

注1：本当はこの前に、全然別テーマの原稿が掲載されたのだが、統一感がなくなるので、本書には収録しなかった。第二回の原稿の冒頭部分はくだらなくて好きなので、

本原稿の冒頭にくっつけた。「アベル」は男性名らしいが、どうせウソ話なんで、どっちでもいいでしょう。

注2：一回目の原稿に対し、「どうしてメタル雑誌で、こんな連載をやるのか。もし子供が見たらどうするのか」と便せんギッシリに抗議を書いてきた女性読者がいた。「もし子供が見たら面白い」と私は思うが、広瀬和生編集長は、欧米での公序良俗派によるメタルに対する迫害を例に出して、その抗議に真っ向から反論した。ありがたいことである。

注3：この原稿の頃、私は「チンポ」という言葉を使っていた。しかし、九六年に「チンポ」を連発した『魔羅の肖像』を出したことによって、この言葉に自分自身で手垢をつけてしまったところがある。また、世間一般で「チンポ」を多用することによって、本来「チンポ」が持っていた、幾分照れの入った、えもいわれぬ滑稽な印象が薄れ、いつの間にか堂々と自己主張する言葉になってしまった感触が私にはある。このため、九七年から「チンポ」ではなく、「チンコ」あるいは「チンチン」「チンポコ」を主に使用しており、本書でも他人の言葉以外のすべての「チンポ」を「チンコ」に直した。かつての「チンポ」のニュアンスを継承する言葉として今はこれがしっくり来ており、今後も「チンコ」を使い続けたいと思っているので、できることなら、皆さんは「チンポ」を使って欲しい。

今のところ「マンコ」「オマンコ」はまだまだ照れがあって私は好きだが、これも今以上に一般社会で当たり前に使われるようになった時には、別の言葉を使わなければならなくなるだろう。その時は「オマンチョ」かな、と今は思っている。

注4：連載は一年で打ち切りとなり、その後『魔羅の肖像』（翔泳社）として単行本になった。そろそろ在庫がなくなるはずで、品切れになった途端に絶版にするつもり。お早めに（『魔羅の肖像』は二〇〇〇年に新潮ＯＨ！文庫で再刊された）。

◆謝罪と反省2

読者を不快にさせるものを私はもう書かないようにする。しかし、快と不快の境界線は非常にあいまいだ。

例えばの話、長髪だったり、髪を染めていたり、鎖や鋲をチャラチャラさせたりするヤツらを不快に思ったり、うるせえ音楽そのものを不快と感じる人もいる。読者もご存じのように、音楽においてもPTA的な団体、キリスト教団体、政治団体などなどから、「そんなものを子供に聴かせられるか」「あんなジャケットを子供に見せられるか」とレコードやCDの発売中止、オンエア中止を求められ、実際に回収になったり、放送できなくなった例は世界各国いくらでもある。

もちろん、自分が不快と思ったことを抗議する権利は誰にでもあるのだし、どしどしやるがよろしい。私の原稿に抗議してきた読者は、「サノバビッチ」と叫ぶようなバンドなど断じて許さず、「ファック・オフ！」なんて書いた皮ジャンを着た連中を見たら、いちいち注意しちゃったりするのだろう。感心なことである。私には決してできないので、是非とも世界の浄化のために命懸けで頑張っていただきたい。

念のために言っておくが、私は、どんなことでも表現していいと主張しているわけでなく、そこにはおのずから節度というものがあってもいいとは思っている。従って、本当に読者を不快にさせたのであれば、小さな胸が申し訳ない気持ちでいっぱいになり、ああ、なんてことを書いてしまったのか、穴があったらチンコを入れたい、このまま電車に飛び込んで脳漿を辺り一面に飛び散らせ、肉片をベットリ車体にへりつけ、レールを血の海にしてしまいたいと思ったりもする。

しかし、あえて人を不快にさせようとして肛門の可能性について書いたわけでなく、普通の人はウンコしかしない肛門にこだわり、人間の想像を超えるところまで達するアナル・マニアの姿にある種の感動を覚えたことを紹介したら、それを受け入れられなかった人がいたに過ぎない。私にとっては、どこがどうして不快なのかまるで理解を超えているのだ。でありますからして、私が人を不快にさせるようなことを二度と書かないためには、まず境界線を明確にする必要がある。

そこで、今回もひとつひとつ今後書かないものを挙げて検証してみたい。

前回、ゴキブリの話をチラッと書いたが、私の場合、ゴキブリ自体はたいして怖くも気持ち悪くもない。小さいゴキブリなら指でグチュッと潰す。高校時代の友人の山田君の家は食品店を営んでいるのだが、山田君のオヤジは、大きいゴキブリでも指でプチュッと潰すし、山田君によれば、そのくらいじゃいちいち手を洗わないそうだ。

もっとすごい山田君のオヤジのテクは、ネズミを手で捕まえて、噛まれる前に壁に叩きつけて殺すことである。「食べ物を床に落としても、三秒以内に拾えば病原菌が移動できない」とガキの頃に言われたものだが、ネズミはそれよりももっと敏捷に叩きつけなければなるまい。ほとんど神業に近い。動物愛護関係からの抗議が来るかもしれないが、ネズミにとっては何がなんだかわからないうちに死んでいるので安楽死に近いんじゃないか。でも、不快だというなら、この話はやめましょう。

ゴキブリの話は平気な私だが、これも場合によりけり。動物園のゾウガメが原因不明の病気で死にそうになって手術をした。すると、体内にゴキブリが入り込み、甲羅の裏にゴキブリがいっぱいはりついていたという。この話は動物園の園長が書いた本に出ていたのだが、さすがに背筋が寒くなるので、この話も二度と書くまい。

カメで言うと、ニューヨーク在住のイラストレーター、霜田恵美子の話もすごい。中学の時、彼女は、カメというのはマンガにあるように甲羅の中に本当の体があり、その上に甲羅をかぶっているだけだと思っていて、中を一度見たいと思い続けていた。ある放課後、科学室に行ったら、人が誰もいない。それをいいことに、今日こそ見てやろうと思い立ち、水槽で飼っていたカメを台に押さえ付け、メスを甲羅の横の柔らかいところに入れて開いたら、中に内臓が詰まっていて、驚いた彼女は蓋をして、そのまま家に逃げ帰った。

翌日、学校に行ったら、きれいに亀はいなくなっていたという。「あのまま、自分で学校を抜け出て、山の奥にある池で今でも暮らしているんだろう」と彼女は語っていたが、たぶん違うと思う。この話は彼女の間抜けさを象徴する話として以前も原稿にしたことがあるのだが、この連載ではもう書くまい。

彼女の実家がある目黒に目黒寄生虫館というのがある。非常に落ち着いたたたずまいの場所で、心和ませに私は時々行く。展示品の中で私が好きなのは八・八メートルのサナダムシだ。あれはいいですよ、ホント。

亀谷《かめがい》了《さとる》館長の本を読むと、体内に回虫がぎっしり詰まって回虫が口から出てくる話や、館長が満州にいた頃、寄生虫を食べるのが好きな研究員がいて、サナダムシを焼いて食べる話とか、私好みの話が書かれているのだが、虫関係がダメな人は卒倒しかねないので、これからは注意しよう（注1）。

これは以前『宝島』に書いた話だが、尿道にマッチ棒やヘアピンなどの異物を入れてオナニーし、異物が膀胱に落ちたり、尿道で折れたりして病院に運ばれるのがたくさんいる。尿道オナニーをやっているのも、病院に運ばれるのも女性に多く、特に女性は男性よりも尿道が短いために膀胱を傷つけやすいので、絶対にやらない方がいいと泌尿器科の医者に聞いた。この話は、思い出しただけでも股間が縮み上がるので、思い出さないようにしよう（注2）。

書いているうちにどんどん読者が不快になるかもしれない話が浮かんできてしまい、まだまだ読者への謝罪と反省がし足りない気がしてきたので、次回も続く。

（94年1月記）

注1：その後、亀谷館長を『SPA!』の連載で取材した。『鬼と蝿叩き』（翔泳社）を参照のこと。

注2：『エロ街道をゆく』（ちくま文庫）を参照のこと。

◆謝罪と反省3

読者への謝罪もこれで第三回。これだけ謝れば、読者も納得してくれるのではなかろうか。

人間の快・不快は微妙なものだ。SMでこの上ない快楽を得るのがいれば、一切受け付けないのもいる。私の場合、性の奥底を知るために、SMへの興味はすごくあるのだが、どうしても自分の性的快楽にはつながらない（注1）。

例えば、SMのビデオで、ドキュメンタリー的な面白さや、スペクタクルな刺激は得られても、性的興奮はない。昨年SM界を引退した李楼蘭女王のビデオで、奴隷を逆さ吊りにし、肛門に花火を突っ込み、体ごと回転させるシーンがあり、思わず「たまやー」と叫んで笑ってしまったのだが、決して笑えない人もいることだろうから、この話もこの連載では書くまい。

逆さ吊りといえば、江戸時代、干潮時の海上に逆さ吊りにし、潮が満ちて徐々に窒息していく拷問があって、これは窒息死する前に頭がおかしくなるくらいに怖い。逆さ吊りにされる前に自殺した方がまだましである。こういう話もこの連載では避けよう。

処刑方法としては、中国の凌遅《レンツェ》も怖い。公開の場で体の肉を少しずつ削いでいくもので、一九〇五年に史上最後の凌遅が行われているのだが、胸部の肉を削がれ、手を切断され、足を切断されていく様を撮った連続写真が、ジョン・ゾーン率いるネイキッド・シティの『レンツェ』のジャケットに使用されており、このアルバムも禁句だ。ジョン・ゾーンのアルバムには、他にも死体写真、SM写真が使われているものが多く、ジョン・ゾーン自体がこの連載ではタブーである。

大学時代にスタッフをしていた長崎俊一監督映画の撮影中にバイクが大量に転倒、道路は血まみれの惨事となった。助監督をやっていた和田君の足の先がバイクのスポークに巻き込まれてグチャグチャになった話も書かない方がよさそうだ。和田君と仲が良かった私は何度も病院に通って熱心に看病し、皮や肉が削げて骨が剝き出しになった足の甲を洗ったりしたものだ。皮膚が壊死状態になって、一時は切断という話も出ていたが、東大病院に移って再手術をして、切断は免れた。指が安定しないので、それぞれの指に金属を入れてあり、指の先から金属棒がとび出ている様は、今考えると写真に撮っておけばよかった。看病の甲斐あって和田君は歩けるようになったという美談だが、不快だという人がいるのだろうから、詳しく書くのをやめる。

先日、仕事で見物したレズのスカトロ・カップルのプレイも、人によっては相当気持ち悪かろう（注2）。どのくらい気持ち悪いかというと、ウンコを相手の腹の上にし、それを握ってオニギリにする。一方の吐いたゲロを頭から浴びたり、口で受け止めて飲み込む。それをまた吐いて、頭からかぶる。ウンコとゲロまみれの風呂に入る。このくらい気持ち悪い。

現場ではへっちゃらだった私だが、その夜、あれこれ考えて眠れなくなってしまった。気持ち悪さのためではなく、どうしてあんなことをあんなに楽しそうにやるのかがわからずに悩んだためだ。

どうも秘密は二人の家庭環境にありそうだ。片方の子は厳しい家庭に育ち、もう一人は何か性的なトラウマでもあると私は見た。彼女らの母親あるいは彼女ら自身が性的な抑圧を抱えており、それがあのような形での発露になっていると私は思う。

父親が厳格で娘や妻を押さえ付け、娘と母親は互いに傷をなめ合う共依存関係にある家庭に育ったり、性的イタズラ、近親相姦体験があると、摂食障害（拒食や過食）を起こしやすく、事実、スカトロ娘は二人とも拒食症の過去がある。また、摂食障害者は性的逸脱をしやすいとのデータもある。セックスを極端に嫌悪したり、逆にヤリまくりになったりするのだ。

また、性的抑圧によって、意味もなくイライラしたり、他者の幸福を嫉妬することもある。知り合いの整体師は、女性のヒステリーのすべてが性的な原因によると言っている。

自覚している以上に、性は自分の身体、行動、思考、時には他人にまで影響を与えるのだ。

最近の若い女性の少なからぬ部分がスカトロ娘と近いところにいて、例えば、したいわけでもないのにやたらセックスしてしまう（性欲を自覚した上でやりまくるのはいいと思うんですよ）、万引きや衝動買いがやめられない、母親と異常に仲がいい、自立したいのにできない、欠陥男や既婚男性ばかり好きになる、目的もないまま海外生活したい思いにかられる、食べ出すと止まらない恐怖があるといった人は、性的原因や環境的要因が背景にあると疑ってもいいだろう（注3）。

しかし、こういった現象を無理に抑えても解決にはならない。そういった行為が自己を支えたり、傷を癒す役割を担っていることもあるから、自己を冷静に分析し、根本的な抑圧やトラウマを除くしかない。興味ある人は専門書を読んでみるとよろしい。

このように、ゲロを見つめることは、自分の居場所を知ることでもある。とはいっても、一緒になって吐きそうになる人もいるだろうから、スカトロ・シスターズのことはもう書かない。また、私の原稿如きで抗議するくらいに不快になる人も、そこに自分を知る手掛かりがあったりする場合があるのだが、また抗議されかねないので、これ以上は書かない。

三回にわたって読者への謝罪を表明させていただいたが、本当は、何を書かないかをあと五年くらい書き続けたいくらい反省している。しかし、謝罪や反省を見ると不快になる読者のため、ここで打ち止めだ。ここに書かなかったことは今後もどんどん書くぞー。

（94年1月記）

注1：その後、SMの快楽はずいぶん理解できるようになり、自分の中のM性にも十分気づくようにもなったが、性的興奮にはどうしても直結しない。

注2：この原稿も『エロ街道をゆく』に収録された。

注3：流行りのアダルトチルドレンや依存症を相当早くから私は先取りしていたのだが、今現在メディアに溢れるこういう解釈の相当部分はインチキだと思っている。人間には、ここで私が書いたような傾向は確かにあって、私が今も仲良くしている女性は、知り合った頃、摂食障害で苦しんでいて、私のアドバイスもあって今は見事に克服している。彼女もまた典型的な母親との共依存関係にあった。

しかしながら、往々にして精神分析的な解釈は、解釈する側の至って恣意的、個人的な思いによってなされがちで、皮相なレベルの精神病理に関する判断は、しばしば解釈する側にこそ、そう判断しなければならない事情がある。

このスカトロ・シスターズがそのいい例だが、私は彼女らの行動がまったく理解できず、その理解できなさの不安をこういった解釈で取り除こうと思っていた。私自身がこれを自覚的にやっていたことは『エロ街道をゆく』に記載してある通り。彼女らが何らかの病理を抱えていること、彼女らは私と違う病人であると決めつけてしまうことによって、辛うじて私は自分を保ったわけだ。

これと同じような構造で、自分の倫理から外れる人をすぐに病理と決めつける行為を自覚なきままやらかすのは危険だ。かつて同性愛を病気としたようなものだ。

私は、なんでもかんでも病気にすることで安心したがる風潮に対し「シンドローム症候群」なる妙なネーミングをつけたことがあるが、昨今のアダルトチルドレンやら依存症やらの大部分は、これを好む側の心理に病理があると見ている。誰とは言わないが、恐ろしく皮相な解釈で人を決めつける、ひどい書き手がいますからね。機会があったら、「シンドローム症候群」については一文を書くことにしよう。

◆インド料理屋にて

三回にわたって、読者を不快にしかねないことをもう書かないとの宣言をしたが、また不快話を思い出した。これもきっと書いちゃいけないと思うので、念のためにどんな話か確認しておく（注1）。

大学のサークルの先輩で、現在、某出版社で編集者をやっている野原という人物がいる。野原さんは、学生時代、今も営業を続けている某有名インド料理屋の老舗で皿洗いのバイトをしていた。野原さんに用ができて、急遽、一日だけ私が代理でバイトに行くことになったことがある。

仕事は皿洗いだけでなく、調理場での後片付け一切だ。何人かで来た客は、やたら料理を頼んで、手つかずで残したりする。なんてもったいないことをするのかと当時は思ったが、大人になると、そういうことをしてしまうことがあるものだ。

カレーのルーはさすがに捨てたと記憶しているが、食べ残したタンドリーチキンやナンなどは、そのまま次の客に出す。タンドリーチキンの皿全部が手つかずの場合はもちろんのこと、五個のうち四個まで食べていたとしても、残りの一個は使うのである。

タンドリーチキンはバイトがオヤツ代わりにつまんでもいい。貧乏学生にとってタンドリーチキンを食う機会など滅多にあるもんじゃなく、客の残したものとわかっていても私は喜んで食べたから、これを客に出すことにはさほどの抵抗はなかった。

問題はライスである。残ったライスをジャーに戻すのだ。皿ごと手つかずならいいが、一部食っていても、カレーのついたあたりだけ捨て、残りはしっかりジャーに戻す。さすがの私もこれには抵抗があった。うまく理由を言えないのだが、タンドリーチキンはよくてもライスはいけない気がしてならない。

たぶん、米文化の国に育った人間としては、「水分が抜けて冷えたごはんをジャーに戻すのは味として問題あり」という感覚もあるんだと思うし、タンドリーチキンに比べ、ライスは手をつけたものとそうではないものとの境界線がはっきりしていないせいだとも思う。

中には、カレーのついたスプーンをたっぷりなめたあとでライスをすくい、気が変わって元に戻すのがいるかもしれない。いったん口の中に入れながら気が変わって、わからないように皿に戻すのがいるかもしれない。三回くらい嚙んでから気が変わるのがいるかもしれない。トイレの中に持ち込んで、金玉になすりつけてから、皿に戻すのがいるかもしれない。いないいか。

このバイトのあとで野原さんに会った時、私は真っ先に「他はともかくとして、いくらなんでも飯を戻すのはひどいんじゃないか」と言った。野原さんはこう答えた。

「オレもそう思って店のインド人に聞いたら、インドは食べ物がないから、しょうがないんだってよ」

それを聞いた野原さんは返す言葉をなくしたそうで、それを聞いた私も、そりゃあ、しょうがねえと納得した。インドじゃ、ろくに皿だって洗わないのだから、インド料理を食うのに、残り物を出されたくらいで文句言っちゃいけねえよな。

私が皿洗いのバイトをしたのはこの時だけだから、こんなことは食糧事情の悪いインド料理屋だけだろうと思っていたが、ところがどっこい、喫茶店やメシ屋、飲み屋で働いたことのあるヤツらに言わせると、どこの店でもやっているんですね。

例えば、喫茶店のウェイトレスをしたことのある女性は、レモンスカッシュなどに入れてあるサクランボ、サンドイッチに添えてあるレタスやパセリを再利用することを知ってからは、絶対にああいったものを食べないようにしていると言う。

普通、レモンスカッシュはストローで飲むから、ほぼ唾液の移動はないとも思えるが、ストローの中を僅かな唾液が逆流してレモンスカッシュの中に入り、それが攪拌され、唾液の分子のいくつかがサクランボにくっついて……ということが有り得ないわけではない。サクランボを鼻の中やマンコの中に入れたりしてさんざん遊んだあとに戻すのがいないとは限らない。

居酒屋でバイトしたことのある知り合いによると、やはり客にわからないような残り物はそのまま出すのだそうだ。日本酒はお燗し直せばわかりゃしない。床に落ちたエビだんごは拾ってそのまま出し、野菜なんてろくに洗わない。気に入らない客には、ツバをかけた料理を出す。

こういう話はどこでもあって、かわいい女の子に出すコーヒーにツバを入れたり、コーヒーカップのふちにチンコをつけたなんて話もよく聞くところだ。

安い居酒屋は、何もかもを再利用して料理の原価を下げ、低価格でお客様に楽しんでいただいているのだから、お客様本位の企業努力とも言え（注2）、資源の再利用として、評価できなくもない。今もアフリカでは飢えた子供が死に直面しているのだと思えば、唾液の入った料理ぐらいで怒ってしまう自分が恥ずかしくなろう。

私は食べ物を捨てることができない貧乏性だから、どちらかといえば、時間を過ぎるとハンバーガーを捨ててしまうファストフード店や弁当やサンドイッチを平然と捨てるコンビニの方が許しがたい。金がない時に、捨てられたコンビニの弁当を拾って食ったことがあって、あの時ばかりは捨ててくれたことがありがたかったが、浮浪者が拾うのを防ぐために、破棄した食品に洗剤をかける店もあるそうで、いよいよ許しがたい。

だいたい何度も客に出されている料理だとしたって、気づかなければそれまでだ。仲間でナベをつつく時など、唾液の混入は避けられず、それをいちいち汚いなんて言っていたら、人間関係が壊れる(これを理由に、ナベ物を嫌う人が本当にいる)。唾液の交換こそが人間関係をスムーズにする秘訣だ。キスだって、唾液の交換をやって愛を確かめ合う行為である。ちょっと違うのか。違わねえよな。

となれば、我々の気づかないところで、いろいろな人と唾液の交換をしてくれているめし屋や喫茶店に、感謝してもいいくらいのもんだ。

しかし、ゴキブリ嫌いの人は絶対外食はしない方がいい。ゴキブリのいない店などありゃしないのだから、夜中のうちに食器の上を走り回ったり、ニンジンやキャベツの上にウンコしたりは当たり前である。

現在新聞記者をやっている大学の同級生の武田君の話。彼が学生時代のある日、立ち食いソバを食ってツユを飲み干したら、底に大きなゴキブリが死んでいた。武田君は気持ち悪くなりながら、ソバ屋のオヤジに怒ったら、「そりゃ悪かったねえ」とオヤジは別段動揺した風でもなく、ソバをもう一杯出してくれたそうだ。もちろん武田君はそれを食うことはできなかった。腹がもういっぱいだったこともあるが、ツユを溜めてある容器の底には、まだまだゴキブリが沈んでんだよな、きっと。下からわざわざツユをすくわないから滅多に発覚しないだけで、こんな店はけっこうあるんじゃないか。

その点、インド料理屋は安心だ。ルーの入った容器にゴキブリが落ちても、グツグツ煮込めば跡形もない。

（94年1月記）

注1：当初、不快な話は「謝罪と反省」の三回分で終わろうと思っていて、この原稿の前に、二回分の原稿が掲載されたのだが（本書には掲載せず）、「よし、延々これで行こう」と考え直してこの回を書いた。

注2：聞くところによると、居酒屋で出すビールの中ジョッキは原価三百五十円もするそうだ。店によっては原価販売しており、「どうして居酒屋はあれで商売ができるのだろう」とロフトブックス代表の平野氏が言っていた。そりゃ平野さん、このように料理を再利用して利益を出しているんですよ。

◆平賀源内と屁

エレキテルの発明で知られる平賀源内（一七二八〜一七七九）に、「放屁論」という文章がある。その名の通り、屁について述べた評論だ。屁に関する文献としては第一級の資料で、これを読まずして屁を語ることはできまい。よく屁を語る私は、以前一度、飛ばし読みをしているのだが、先頃、『SPA！』の連載でもっと屁を語るために読み直していたら（注1）、平賀先生の思いが私の心に突き刺さり、膝を叩いて「その通り！」と叫びたくなる文章を改めて発見した。

当時、屁を芸の域に高めて大いに人気を集めた曲屁福平（またの名を霧降花咲男）という芸人がいた。この男、屁を自由自在に放ち、三味線に合わせて屁を奏でることまでやった。風来山人（平賀源内の別名のひとつ。「放屁論」はこの名で書かれている）は、曲屁福平を誉めちぎり、洒落のめした文体で社会風刺をからめ、屁の話をエレキテルへと進める。そして、エレキテルをヘレキテルと改名し、曲屁福平の弟子になって、放屁芸で諸国をまわろうか、というところで、この小論を締めくくる。

風来山人は、この中で、同時代の学者、歌人、医者らの権威を酷評する。彼らは過去の偉人たちの遺産にしがみつくのみで、古人の足元にも及ばない。それは心がないからだ。対する曲屁福平は、今までそんなことに用いたことのない尻を使い、噂にはあれこれ伝えられているものの、日本はもとより朝鮮、中国、インドにも実在が確かめられたことのない屁の曲芸を極めた、として讃える。

そして、「心を用いて修行すれば屁さえもなおかくの如し」「ああ済世に志す人あるいは諸芸を学ぶ人、一心に務むれば天下に鳴らんこと屁よりもまた甚だし」と風来山人は書く。心を込めて修行すれば、たかが屁でもこのような境地に至ることができる。ましてや世を救い、人を助けようとする人や諸芸を学ぶ人が同様に修行すれば、さらに天下にその名を轟かせることとなる、というのである。

どうですか、皆さん。どこかで見たような話ではございませんか。風来山人が「放屁論」で世に問うたのは、私が「アナルは負けず嫌い」との言葉の裏に見たものと一緒だ。

さらに風来山人は「予が論屁の如しと言わば言え、我もまた屁とも思わず」と断ずる。オレの論が屁のようだと言いたければ言え、そんなものは屁とも思わん、との思いはこれまた私と同じだ。こんなことをわざわざ源内が書いたということは、江戸時代にも「屁のようなものを芸にした男を称賛するとは何事か、もしお前の文章を子供が見て真似をしたらどうするのか（江戸時代とて屁は品のないもので、武士が殿様の前で屁をひったとあれば、下手すりゃ腹切り、若い娘が人前でしたなら恥ずかしさのあまり首をくくる、といったことが有り得た)。不快だ、即刻、発表をやめよ。編集長、出て来い」などとクレームをつける人がいたためだ。いつの時代もこういう人はいる。

風来山人が「放屁論」を書くに当たっては、世間から認められない自分を曲屁福平と重ね、世の中への恨みつらみを綴る目的があったと読める。最後は発狂して弟子を殺し、獄中で死んでいるのだから、恵まれた人生とは言えまいが、今となっては、その業績を認めない人はいない。平賀源内は、足軽という、当時としては決して高い身分の出ではないにもかかわらず、エレキテルの発明者として、また、本草学者、絵描き、戯作者、儒学者、国学者などとして稀に見る業績を残し、現代にまで名を留めている。これらの業績は、天性の才能や、心を込めた修行があったためだろうが、たかが屁さえからも学ぼうとする姿勢もまた大きく関わっていよう。

当時から平賀源内の才能は広く知られ、大名からの誘いがあったりもしたが、これらを断って、あくまで市井の人としてあり続けたことも魅力を際立たせており、私はこの人に多大なる共感を抱く。

才能や修行の点でこの大人物に及びもつかないが、屁や尻の穴からさえ人生を学ぼうとする姿勢だけは私も源内先生には負けないつもりだ。

『BURRN!』の読者で知っている人はほとんどいないだろうが、以前私は、押切伸一との共編著で『ウンゲロ』（シンコー・ミュージック刊）という本を出したことがある（注2）。これはウンコやゲロから地球の未来を考えた本で、わずか数人とはいえ、今でも「あれはいい本だった」と言ってくれる人がいることが私の生きる支えだ。

あの本のために、押切伸一と私で深夜の渋谷に出掛けて、あちこちに吐かれたゲロを凝視し、そこからいろいろなことを学ぼうとしたことを時々懐かしく思い出す。

ゲロを吐いた場所やゲロの内容物を分析することで、吐いた人の性別、職業、性格、体調が推測できるのかどうか、一夜のうちに渋谷でどのくらいのゲロが吐かれているのかなどを、何時間もかけて我々は調査し、渋谷ゲロマップを作成し続けた。物陰に隠れてゲロを吐いている現場の一部始終を観察したり、さっき食ったばかりと思われる極太のラーメンを見ながら、これはどこのラーメン屋の麵かなどをメモしているうちに、我々自身が吐きそうになったりもした。

やがて、夜が明け、平和の使者である鳩がゲロをつつき出す頃に（これは本当。ゲロは鳩や雀の餌になっていることがこの日の調査で判明した）、我々は途方もない疲労と充実感に包まれて、渋谷を後にした。

もし現代に平賀源内がいたなら、きっと我々の肩を叩いて、「お疲れさま」と言ってくれただろう。

（94年8月記）

注1：『鬼と蝿叩き』参照。

注2：すでに絶版。これを書いた頃はまだ古本屋で千円以下の値段がつけられて売られているのをよく見たが、今では見つけるのは困難。本屋にあったとしてもほとんどプレミアがついていて、古書価格は上がる一方。五千円つけてもすぐに売れると古本屋さんが言っていた。この本の相場を私は「ウンゲロ係数」と呼んでいるが、今までの最高ウンゲロ係数は大阪の古本屋さんがつけた八千円。これもすでに売れて、知り合いのソープ嬢は「二万円でも買う」と言っている。こんなことにならぬよう、本はある時に買いましょうね。

追記：本書をまとめていた二月、佐藤清彦著『おなら考』の文庫判（文藝春秋）が送られてきた。著者と面識はなく、文春文庫にも知り合いはおらず、どうしてだろうと思っていたのだが、もともと青弓社から出ていたこの本を文庫にするにあたり、著者は『鬼と蝿叩き』を参照してくれていて、本文で私の名前を出してくれているのだった。現代における屁の第一人者であるこの著者も恐らく知らないであろう、明治時代の珍しい屁の本をその後入手したので、お礼に教えてあげようかと思っている。

◆皮膚病図鑑

この連載、こんなはずじゃなかった。どんなはずだったかと問われると答えに窮するが、少なくとも、読者を不快にさせかねない話をもう書かないことを宣言し、その具体的内容を延々と確認するようなものではなかった。この連載をこのような方向に向けたのは、たった一通の抗議だ。たった一通の抗議に対して、これほど誠意をもって対応する物書きなど、まずいるものではない。我ながら、感心である。

しかも私は、この連載に書くだけでは飽きたらず、日本中から、その読者を不快にさせかねないものを排斥する行動まで始めたのである。

上野松坂屋の前に、上野文庫という馴染みの古本屋がある。先日、ここで『皮膚病図鑑』という本を発見した。「こ、こ、これは……」と思って中を見たらやっぱりそうだ。「私の原稿に抗議してきた読者がたまたま上野文庫に来て、この本を見たら大変なことになる、なんとか彼女の目に触れないようにしなければいけない」と、私は五千五百円払って購入した。店主の中川さんによると、この本はずっと前からあったそうで、今になって私の視線がここにへばりついたということは、私もその読者同様、不快なものに対する神経が鋭敏になってきているらしい。

家に帰って、晩飯をムシャムシャ食いながら中を見たら、予想以上に、私の原稿に抗議してきた読者が見たら大変なことになる本だった。

この本は大正製薬が一九五五（昭和三〇）年に発行したもので、B5サイズいっぱいに各ページ一種、計八十六種もの皮膚病のカラー写真が掲載されている。簡単な症例や治療法などが書き添えてあるが、この本の見所は、なんといっても写真だ。

例えば、小児性湿疹の赤ん坊の写真を見ると、顔の上半分が木の皮のようになっていて、思わずベリベリはがしたくなる。Ⅲ度の火傷を負った女性の写真は、ハシを持った私の手の動きが一瞬止まったほど生々しい。肩から二の腕にかけて皮がはげ、肉も焼け、筋肉が一部露出している。この中年女性は結局亡くなったそうだから、死体写真スレスレだ。脂漏性湿疹の男の腰の回りには、赤と白の湿疹がちょうどパンツの形に広がっていて、チンコまでヘンな色に見える。

このように、皮膚病のみならず、チンコやキンタマ、子供のマンコも堂々出ているから、私の原稿に抗議してきた読者にとっては二重、三重の苦しみに違いない。

こんな本を子供が見たら、将来ロクな大人になるまい。どのくらいロクでもない大人かというと、私くらいロクでもない大人である。

中学の図書室に、性病にかかった性器の写真が出ている医学書があった。梅毒の花が開いたチンコ写真も十分気持ち悪かったが、もっと気持ち悪かったのは性病マンコだ。マンコが一体どんなものかよくわかってなかった私にとって、カビの生えた大福餅と腐った桃と死に損ないのウミウシを足してマンゴジュースで割ったようなその写真は見ただけで病気になりそうな気がした。あまりにおぞましくて、中学に入学してからしばらく、週に一回、図書室に行って、どうしてもその写真を確かめないではいられなくなったほどだ。

それからさらにあと、親父が秘蔵していたエロ写真を家で発見した。ショックだった。性病マンコも健康マンコも変わらないじゃないかと思ったのだ。「女とはなんて恐ろしいものか、あんなところにチンコを入れるような大人にだけはなるまい」と心に誓った。

道を歩く女を見るたび、「この女も、あの女も、股間に腐った毛マンジュウを持っているのか」と思うとゾーッとした。朝礼で体育館に生徒全員が集まったりしたときなどに、この想像をすると頭がクラクラした。

それがいつの頃からか、いとおしかったり、かわいかったりする存在になるのだから人間の感覚はあてにならない。

しかし、ほっとくと一年でも二年でも平気でセックスをせず、女性と一緒の布団で寝ていても全然その気にならないことがしばしばなのは、性病写真によって、女性への幻想が早いうちになくなったせいだったりするんじゃないかと考えたりする。すぐに、マンコだのチンコだのと口走るのも、同じ理由からではないか。子供のうちにあんなもんばかり見ていると、こんな大人になる。

十代から遊びまくっていたヤツに限って、二十歳を過ぎると途端に真面目になって、早々に結婚して落ち着くものだ。ところが、四十過ぎまで浮気ひとつしなかった真面目なサラリーマンが、たまたま行ったクラブのホステスにハマッて、狂ったように女遊びを始め、家も会社も捨てるなんてことがある。

つまり、性的なものは隠せば隠すほど、抑圧すればするほど、セックスの幻想は維持され、エロ快楽は大きく、爆発した時の威力はすさまじいのだ。

とすると、私の原稿に抗議してきた読者は、子供が私の原稿を読んで、早くから性の幻想を失ってしまうことを恐れているのだな。いつになってもチンチンギンギン、マンマンヌレヌレの大人に育てたいわけだ。今のままじゃ、日本人はみんなセックスレスになってしまい、子供が減る一方ですからね。

よろしい、私も彼女に協力して、これからも、世の中から不快なものを駆逐するぞ。

（94年3月記）

追記：この『皮膚病図鑑』は評判がよかったのか、その後、新装版も出ている。また、その後、全三巻からなる戦前の皮膚病図鑑も入手。抗議してきた読者がもし見たら、こっちの方がもっと大変なことになる内容。これもいずれ紹介してみたい。

◆人の死と動物の死

今は五月である。抗議してくれた読者がいたおかげで、ものすごくヤル気を起こしてしまい、前号までの原稿は、すべて昨年暮れから今年の頭までに書いたものだ。書けて書けて仕方がなかったんだが、来年の分まで年頭に書くのもナニかと思って、しばらく書くのを控えていたら、そのうち、この連載をやっていることをすっかり忘れた。

そうこうするうち、編集部からＦＡＸで原稿催促があり、「そういえば、こんな連載をやってんだったな」と思い出し、四カ月ぶりに原稿を書こうと思い立ったってわけだ。

そのＦＡＸによると、読者から「連載をやめないでくれ」といった声がわんさか届いているというではないか。ありがたいことである。ありがたいけど、皆さん、なんか勘違いしてないか。今の私は抗議してきた読者に心打たれ、不快なものをこの世から駆逐するために情熱を燃やしているのだ（ＦＡＸが届くまで、私も長らく忘れていたんだけども）。その私がどうして連載をやめなければならないのでしょう。

もはや同志とでも言うべきその読者と私が最近非常に心を痛めていることがある（どこ

の誰か知らないけど、今の私には、その読者の気持ちが手に取るようにわかるのだ)。先日の名古屋での中華航空機事故のことだ。血まみれのケガ人をテレビや雑誌が撮影したり、事故のその日のうちに、九死に一生を得た子供の病室までカメラが入り込むのはもちろんのこと、人がたくさん死ぬニュースをやっただけで私やその読者は不快になるのだから、いくら事実であっても、ああいうことは報道すべきではない。家族が一番不快だろうから、家族にもずっとナイショにしておく。

たくさん死んだら不快で、ひとりしか死なないなら不快じゃないというのは、人間の命を軽んじた姿勢であるから、大事故や戦争はもちろん、たったひとりの死も報道しない。報道管制を敷き、一切の死を国民に知らせるべきではない。セナが死んだこともひた隠しにして、今後も日本人はセナが生きていると思い込もう。

こうして私は、すべての人がまだ生きていると思うことにした。そういえば、この間なんか、うちの隣に住んでいる徳川家康のところに聖徳太子が遊びにきて、飲めや歌えの大騒ぎでさ。あいつらって酒癖が悪くてよ。それを聞き付けたジョン・レノンとマーク・ボランがドリカムをカラオケで歌ってさ。うるせえんだ、これが。窓の外からは、寺山修司が覗きをやってたな。これじゃあ、オレは単に頭のヘンな人か。

人間の死が不快で動物の死は不快じゃないというのも、動物愛護の立場から言えば不快だ。では、こんな話はどうだろう。

学生の頃のある夏。なんだか部屋の中が臭い。それを嗅ぎ付けてやってくるのか、ハエも多い。家の中はいつも汚い私だが、生ゴミだけはマメに捨てるようにしているから、ニオイのもとはゴミの類ではなく、だいたい生ゴミのニオイとは違う。腐臭には違いないのだが、もっと酸っぱいような甘いような、あまり嗅いだ記憶がない類いのものだ。秋になるとニオイは薄まったが、押し入れの上の戸袋の中にしまってある段ボール箱を出そうとして、ギョッとした。あたり一面に鳥の羽が飛び散っているのだ。なんだなんだと調べてみたら、ミイラ化したスズメの死体が段ボールの間にあって、その周りにウジ虫の殻らしきものがいっぱいある。

そういえば、あのニオイがし始める少し前に、天井で鳥の羽音やガタガタ何かが動き回る音がしていた。どこからか天井裏に迷い込み、やがて天井の隙間から戸袋に落ちて餓死したらしい。どうもこの夏は大型の銀バエが部屋の中にたくさんいると思ってもいたんだが、元凶はすべてスズメの死体だったんか。ハエって真面目だ。しっかり死体を見つけ出しては卵を生んでいくんですね。

刑事に聞いた話だが、死後何年も経ってミイラ化したり白骨化している死体や血がまだドロドロと流れているような出来立てホヤホヤの死体はまだマシだそうだ。何度立ち会ってもゾーッとするのが死後数日から数週間のもので、特に夏場がひどい。いわゆる腐乱死体である。顔の形が残りながらも変色して膨れたり、肉がドロドロになっていたりする。

臭いも強烈で、「いくら風呂に入っても、臭いがなかなか体から消えないんですよ」と刑事は言っていた。こういう日に限って、家に帰ると必ず肉料理だったりするそうだ。

そして、ここでもウジ虫は登場。何度も産卵と孵化を繰り返し、ちょっと死体を動かすと、そこからハエとウジがワーッと出て来たりする。特に目の玉は腐乱が早くて産卵に適しており、目の玉のクボミにはウジ虫がごっそり詰まっている。

この話を聞いて、あのスズメの死体を、夏場発見しなくてよかったと思った。目の玉をウジ虫が食っているところなど、見たくない。

何年か前、こんなこともあった。下北沢の飲み屋がどうもドブ臭く、「なんのニオイだろうね」と皆で話していたのだが、間もなく、流しの下からネズミの死体が出て来たと店の人が言っていた。我々が「臭いね」と言いながら酒を飲んでいたあの時も、ネズミの死体は着々と腐り、ウジ虫がモゾモゾ動き回っていたのだろう。

もしあなたの家で妙な臭いがしたら、近くに必ず何かの死体がある。そして、そこには何百、何千ものウジ虫がうごめいているのだ。

やっぱり早いうちに死体の存在を見つけて、処理した方がいいんじゃないか。それともウジムシがどれだけ這い回っていても、それをなかったことにした方がいいんかな、読者さん。

（94年5月記）

◆セックス見物屋

かわいらしい女の子と知り合った。彼女は「来週、私、セックスを見に行かなければならないの」と言う。会って三十分後にこんな話を普通はしないわけだが、私も彼女もあんまり普通じゃない。

彼女の知り合いに、こんな夫婦がいる。彼らは人に見られながらセックスしないと燃えない。この一点を除けば、あとは特に変わったところはなく、夫はえらくダンディ、妻も美人なのである。普段は、その夫婦の知り合いの男がセックスを見てあげているのだが、彼が出張だかなんだかで東京をしばらく空けるため、男の知り合いである彼女に「見てやってくれないか」との依頼があった。

3Pをやる必要はなく、また「頑張れ」「そこだ」といったような掛け声を掛ける必要も、ダンナのケツを押したりする必要もなく、ジュースでも飲みながら、長閑に見物すればいいので、彼女は好奇心半分、人助け半分で承諾したそうだ。世の中にはいろんな人がいる。

　ここで私は考えた。こういった夫婦が世の中にたくさんいるのだとしたら、セックス見物屋という職業があってもいい。見られないと燃えない夫婦のご家庭にお邪魔して、セックスを見てさしあげる。ギャラは二時間で一万円くらい。交通費は別。遠方の場合は宿泊費ももらう。もちろん自宅に泊めていただけるのなら、宿泊費はいらないが、晩飯と朝飯は出して欲しいな。チンコが立たなかった時や女性がイけなかった時は半額をお返しするリーズナブルな料金システムだ。

　これでは商売として成り立たないと思うムキもあろうが、あんまり気持ちよくて、だいたいのお客様は延長していただけますし、チップをはずんでいただけるので、一日十万以上の売上げになることもございますんですよ、はい。

「いやー、さすがプロに見られると燃えますなあ。また、見てくださいよ」なんてオヤジに肩を叩かれたり、「松沢さんに見ていただいて、ワタクシ、生まれて初めて達することができたんですの」なんて奥さんに感謝されたりもして、やがては「セックス見たら日本一」との評価まで与えられるようになる。

　ただ見ているだけだが、何事も一心にやれば熟練の味が出てくるってもんだ。ギャラもどんどん上がり、政治家なんぞも秘書を通して、「うちの先生が、是非とも松沢先生に見ていただきたいと申しておりまして、つきましては口止め料込みで、二時間三百万円で如何でしょうか」などと申し込んでくる。

秘書に指定された赤坂の料亭に着くと、その政治家と、まだ二十歳にもならないような若い女性が待っている。

彼女は小さく頭を下げてあいさつをしただけだが、テレビでよく見る女性タレントMであることはすぐにわかった（誰だMって。私もよくわからずに書いている）。彼女はその政治家の愛人だったのである。

すでに酒が入って上機嫌になっている政治家は、「まあまあ、先生、ひとつ料理でも食ってくださいな」と鯛や平目が山盛りの料理を指さすのだった。しかし、私はそれを固辞して言う。

「私の仕事はセックスを拝見させていただくこと、一緒に食事をしたいのなら、山本益博さんにでも頼んだらどうですか」

政治家は一瞬ムッとした顔付きをしたが、「そういうことなら話は早い」と奥の襖を開けた。そこには布団が敷かれ、バイブなどの器具も並んでいる。布団の横には私のために用意された文机と座布団があり、懐中電灯や虫メガネ、メモ用紙、モンブランの万年筆も用意されている。

「ヨシコ、こっちに来なさい」

Mの本名がヨシコであることを私はこの時、初めて知った。

政治家はMの肩を抱いて、奥の部屋に入り、私はその文机の前に正座した。

「では、さっそく始めますかな」と政治家。

「よろしくお願いします」とMは酒のためか、恥じらいのためか、赤く染まった顔を私に向け、初めて声を出した。確かにテレビで聞く彼女の声だったが、明らかに上ずっていることを私は聞き逃していなかった。

私も「こちらこそ、よろしく」と頭を下げる。人前でセックスする、異常な行為に興奮してなのか、彼女の目はしっとりと濡れていた。

政治家は襖を閉め、枕元の行灯風の照明だけが光る。私の視線を意識してか、政治家は掛け布団を横にやり、布団に寝たMの浴衣を乱暴にはだけた。薄明かりの中でピンク色に染まったMの肉体が浮き上がった。テレビで観る彼女からは想像もつかないほど、大人びた体だ。

政治家の愛撫は決して上手ではないが、Mの声は次第に高まっていき、白いナイロンのパンティに染みが広がっていくのがわかる。

「十時二十四分、早くもマンコに染み。どうやら濡れやすい体質」と私はメモ。これは今後の仕事に生かすための資料である。

「どうだ、ヨシコ、気持ちいいか？」

「はい」

Mは小さく返事をするだけだ。

政治家は息を荒くして股間に顔を埋める。Mの視線は私に向けられ、思わず目が合ってしまった。「もっと見て」と言いたげな表情である。しかし、すぐに政治家は血管を浮き上がらせて隆起した一物を彼女の口に持っていき、彼女の顔は見えなくなった。

ここで私は位置を移動し、懐中電灯でMの股間を照らし、参考のために、メモ帳にその形状をスケッチしておく。よく使い込まれた、いいマンコである。

「ヒダとクリトリスは大きめ。陰毛はよく手入れされている。中はきれい。愛液は非常に多く、一メートル離れても愛液のニオイがする」とまたメモ。

やがて、政治家は一物を彼女の中に突き刺した。ここまで声を押し殺していたMだが、こらえ切れなくなったように、大きな声を出して腰を激しく振り始めた。

一時間少々で彼らのセックスは終わった。グッタリとしたMを布団に残し、政治家は私を隣室に連れていき、壁にかけた背広の内ポケットから、裸の札束を取り出して私の手に握らせた。

「いや、さすが松沢先生だ。滅多に立たない私のセガレが今日は十五歳のようだった。珍しくバイブも使わなくて済んだしな。アイツもイキっぱなしだったよ。さすがですなあ、はっはっはっ」

私はそれに返事をせず、ざっと三つの札束の中身を確かめ、ポケットにねじ込んだ。

ここで政治家は私の耳元に近づき、声を潜めて生暖かい息とともにこのようなことを囁いた。

「松沢先生、実はお願いがあるんだ。ここだけの話だが、ヨシコは中学の時から『BURN！』の愛読者でな。アイドルは表の顔、本当は隠れメタルファンなんだよ」

彼女のパンツにホワイトスネークの刺繡があったことを私は思い出していた。

「しかもアレは松沢先生のファンで、『アナルは負けず嫌い』を読み、人間頑張れば何事も為せるのだと悟り、今の人気を得たというわけだ。ヨシコは人生の師である松沢先生と一発やりたいと言ってきかない。そこでだ、このあとゆっくりアイツと楽しんでいってくれないか。これは延長料金ということで」

政治家はさらに百万円の札束を畳の上に出した。

私は黙って首を振り、薄い笑いを口元に浮かべた。政治家は金が足りないと判断したらしく、「それじゃあ、これでどうかね」ともう百万円を積んだ。

私はそれを押し戻して立ち上がった。

「まだ、おわかりじゃないようだ。セックス見物屋はセックスを見てナンボの商売だ。私にセックスしろということは、私がセックスを見てもなお満足できなかったということになる。私の仕事を否定するこんな金を受け取るわけにはいかない」

そう言うと、私は部屋から一歩踏み出した。

「松沢先生、それじゃあ、私の立場が」

政治家は私を追いかけようとして、浴衣のスソを踏んでもんどり打った。それを見下して、私は最後の言葉を投げつけた。

「たかが政治屋のあんたにも立場があるように、たかがセックス見物屋の私にも立場があるのだ」

倒れたままで私の後姿を見ながら政治家は呟いた。

「あの男、プロだな。オレの負けだ」

料亭を出ると、晩秋の風が私の頬を撫でた(季節は秋だったんですね)。

「帰り際、奥の部屋からMのすすり泣きが聞こえていたのが耳から離れねえや。こんな仕事を選ばなければ、あの子を思う存分抱いてやることもできたんだが……」

コートの襟を立てながら、タクシーを拾うために手をあげて、私は説明的な独り言をさらに呟いてみる。

「あの政治家は満足していたようだが、Mは気もそぞろだった。感じていたのはオレを意識していたためだ。これではいけない。見られていることを忘れてしまうくらいに感じさせること、これこそがセックス見物屋の仕事だ。今日の仕事、三百万円の半分しか果たせなかった。オレも、まだまだ修行が足りないみたいだな。今日の風はとびきり冷たいぜ」

そうは思うが、もったいないのでギャラの半分の百五十万円を返したりはせずに、家に帰ってMのマンコをスケッチしたメモ帳を見ながら、センズリこくセックス見物屋だった。

（94年4月記）

追記1：冒頭に登場する女の子とは今でも仲がいいんだが、結局、セックス見物はしなかったらしい。

追記2：この原稿を読んだ読者から、「あの話は本当なんですか。Mって誰なんですか」とのハガキが届いた。どうしたら、こんなに楽しい読み方ができるのだろうか。Mは、松田聖子でも松雪泰子でも宮沢りえでも誰でもお好きな人物を当てはめていただければいいかと思う。なんだったら、森昌子や松岡きっこ、森田童子、室井滋、森久美子なんかもいいんじゃなかろうか。松山千春、室田日出男、村田兆治、村山富市でも私は特に反対はしない。

追記3：『裏モノの本98』（三才ブックス）で、北尾トロ氏がまさに「セックス見物屋」を実践した原稿を書いている。新聞の三行広告に「夫婦の営み・見ます」と出し、その反応をレポート。ほとんどは3Pに参加して欲しいとの問合せで、純粋な見物業はうまく成立しない模様である。

◆臨床的獣姦学入門

神田の古本屋をハシゴしていたら、ある古本屋のレジ横の床に『臨床的獣姦学入門』という本が積んであるのを見つけた。「こ、こ、こ、これは……」と思って手に取ったら、やっぱりそうだ。『皮膚病図鑑』に続いて、私に抗議してきた読者が見たら大変なことになる本だった。私に抗議してきた読者がこの本屋に来る前に、何としてもまた買っておかなければなるまい。

この本の存在は以前から知っていて、場合によっては店の外の均一台に三百円程度で並びかねないものだが、部数が少ないのか、滅多に見つからない珍本である。去年だったか、古本の目録に二千円で出ていたことがあり、さっそく注文したが、抽選ではずれてしまった。どうやら探している人は多いらしい。あれ以降、売られているところを見たことがなく、従って未だ入手していない私としては、この機会を逃すわけにはいかない。

神田なら、やはり二千円前後の値をつけるだろう。三千円までなら買おうと思って値段を見たが、値段がつけられていない。

「これいくらですか?」とドキドキしながら店主に聞いたら、店主は「まだ値をつけてないからダメだ」と言って、全然相手をしてくれない。町の古本屋なら、その場で値をつけてくれたりするものだし、相場がわからず、客に「いくらぐらいする本なのかね」なんて気楽に聞いてくる店さえある。ところが、神田ときたら、値段もプライドも高い。せめて「来週には値付けを終えるので、取り置きしておきます」くらいのことを言えばいいだろうに。これだから神田はイヤなのだ(こんな店ばっかりじゃなく、すごく丁寧に客に接する店もたくさんあるけれど、一見さんを軽んじる店が多いのもまた事実)。

この本は、私に抗議してきた読者が見たら大変なことになる本であることをわかってんのかな。

それから二日ほどしてまた行ったが、まだ値付けをしていない。さらに二度ほど足を運んで、ようやく店頭に並んでいるのを見つけた。千八百円だ。神田としては安い方だろう。迷わず購入した。

家に帰って熟読し、私に抗議してきた読者に見られなくて本当によかったと安堵した。この『臨床的獣姦学入門』という本は、一九七六年にカイガイ出版部から出されていて、著者は華房良輔。トイレの落書きの本など、私と同じように、他人が目をつけないところにどうしても着目しないではいられない体質の人であることをうかがわせる著書をいろいろ出している。

『臨床的獣姦学入門』は、その名の通り、獣姦を徹底研究した一冊で、本のコピーにあるように、こんな本は「世界に類を見ない」と私も思う。

前半は理論篇で、如何に人類は古くから、また広い範囲にわたって獣姦と親しんできたかを多くの文献、美術作品を使って例証し、獣姦を歴史的、精神的に分析、対象となる獣の種類や具体的な方法を分類する。

後半は技術篇で「(獣姦は)やり方によっては、ほとんどの動物を活用できる」という立場から、イヌ、ネコ、ヤギ、ウマなどの家畜はもちろんのこと、ヒトデやウニから、ヒル、コイ、タコ、ヘビ、ワニ、モグラ、カモノハシ、ゾウ、ゴリラ、クジラまでを取り上げて、具体的な獣姦方法を紹介する。

例えばミミズとの獣姦のやり方はこういうものだ。ビンの中に二、三百匹のミミズを入れ、ここに電池で電流を流す。するとミミズはたちまち身もだえを始める。この中にチンコを入れると、まさに「ミミズ千匹」の快楽を得られ、「三十秒とはかからずに、発射できる」とのことだ。

後書きによると、著者は一度も獣姦したことはなく、いわばこの技術篇は、全体がシャレのようなものなので、これを信じて実行したりしない方が身のためだが、やけに説得力があり、それだけにまた笑えるという寸法になっている。

しかし、この本の付録につけられた「図説/犬・猫・ねずみ・はとの食べ方」は、実践した上で書いたように読める。著者は食糧危機に備えて、「そこらの動物を捕食する技術を身につけていただきたい」と言い、また、この行為は決して法律にも道徳にも反するものではないと説く（他人のペットを食べてはいけないけど）（注1）。ワシントン条約にひっかかる動物のように種の存続が危ぶまれる存在と違い、身近にいくらでもいる動物を食べてはいけない理由はない。少なくともブタやウシを食べている人間がイヌやネコを食べてはならず、ニワトリを食べている人間がハトを食ってはならないと主張するのは筋が通らないと私も思う。

そして、イヌ、ネコ、ネズミ、ハトのそれぞれについて、捕まえ方、殺し方、肉のさばき方、食べ方、革のなめし方までをイラスト入りで丁寧に解説するのだが、どうもリアルすぎるし、獣姦と違って、やたらと表現が細部にわたっており、これが想像で書いたとは思いにくく、そのうち著者に問い合わせてみようかとも思っている次第だ（注2）。

獣姦をやりたいとは全然思わないが、イヌやネコは一度食ってみたい気はする（注3）。食ってうまかったら、何度も食いたい気がする。こんなことを言うと、また顰蹙を買いそうだが、自分の都合でペットを簡単に捨てる動物好きの動物虐待に比べれば、自分の都合で食ってしまった方がずっとましだろう。こういう無責任な買い主に対するアンチとして、保健所は捨てられたイヌを食用肉として販売してもいいんじゃなかろうか。

が、私に抗議してきた読者は、こんな論理的、倫理的な話を理解することはできないだろうから、私に抗議してきた読者が神田であの本を見つける前に私が買って本当によかった。

（94年5月記）

注1：動物によっては法律にひっかかり、条例による規定のある地域もある。

注2：その後、『SPA！』の連載でもこの本を取り上げ、著者にも会いに行った。予想通り、この部分だけは実践したものだった。

注3：その後、新宿で犬ナベを食った。

◆タレ物語

不快なものをこの世からなくそうとしている私の願いが通じたのか、その後、「こんな話も書いてはいけないんじゃないか」「この話も葬った方がいいだろう」といった不快な情報をあれこれ教えてくれる人がいて、不快なものを駆逐する動きが枯れ野に放たれた火の如くに広がりつつあることを肌で感じている次第だ。

今回は、その中から中島君の話を紹介しよう。中島君は本屋の店員をやりながら、音楽活動も続けている人物。彼はかつて焼鳥屋でバイトしていたことがある。前に書いたように、残った焼鳥や酒を次の客に出すくらいの話には慣れてしまったが、中島君の話には新鮮な驚きを感じた。中島君が働いていた焼鳥屋では、焼鳥のタレまで再利用するというのである。

焼鳥の皿に残っているタレや残った焼鳥にこびりついているタレをタッパーに集め、それをまた焼鳥に塗る。トウガラシをたくさんかけてあるものや他の食べ物が混じったり、皿が灰皿代わりにされていると、さすがに捨てるが、それ以外はしっかり再利用する。これを知って以来、焼鳥は塩しか食べないという中島君である。

それにしても、タレなんてたいした原価じゃなく、回収する手間を考えたら、捨てた方がよっぽど合理的だと中島君は言う。誰がどう考えてもそうだ。つまり、ここでは単なる合理性、経済効率のためにタレを再利用しているわけではないことがわかる。たかがタレさえも無駄にしない店の節約精神をバイトにわからせるための教育の一環に違いないと私は推測した。

店の創設者は戦後の混乱期に焼鳥屋を始めたのだが、なにしろ物資がない時代のことである（あくまで私の推測なので、以下、真剣に読まないように）。焼き鳥の肉はスズメを捕まえたり、野ネズミや野良ネコを捕まえたりしてなんとか確保できたが（これでは焼き鳥じゃないぞなもし）、醬油や砂糖、ミリンが手に入らず、タレが作れない。しかし、焼鳥屋のプライドとしては塩だけでなく、タレの焼鳥も出さないわけにはいかない。そこで深夜、米軍の食糧庫を襲い、タレを盗み出した。マッカーサーが焼鳥ファンだったため、豊富な物資を使い、米軍内で密かに焼鳥のタレが製造されていたのである。

ところがその際、焼鳥屋を始めた二人の男の片割れである大山徳兵衛（仮名）が憎き米兵の銃弾を受けてしまった。病院に連れていく金もなく、薬も入手できないまま傷が悪化、それから一週間後、徳兵衛は自分の死を悟った。焼鳥屋のバラックの中で徳兵衛は、息も絶え絶えになりながら、田村平八（仮名）にこう言った。

「平ちゃんよ、日本一の焼鳥屋になる夢はお前がかなえてくれ。そのタレは、絶対に無駄にしちゃダメだぞ」

「徳ちゃん、何を言うんだ。しっかりしろ、死んじゃダメだ。おい、徳ちゃん、徳ちゃん！　返事をしろーっ、徳ちゃーん！」

平八の目から流れた大粒の涙が、くすんだ深緑色をしたタレ用の金属容器に書かれた「US ARMY」の文字を濡らした。

「絶対に日本一の焼鳥屋になってみせるぞ」

泣き腫らした目で幾度も徳兵衛の亡骸に誓う平八だった。昭和二一年四月十五日、町中に並木路子が歌う「リンゴの唄」が流れていた。

田村平八の店は、他の店ではまず出せない焼き鳥のタレが大評判となって、その八年後には、新宿で立派な店舗を持つまでになった。そして現在では全国六十八カ所に支店を開く一大焼鳥チェーンに成長し、「やきとりの平徳」と言えば知らない人はいまい。

平八は、運転手つきのベンツに乗るまでになったが、今でも社長室の金庫の中に錆びた容器を大事に保管していて、これは幹部だけが知っている秘密だ。徳兵衛の命日は創立記念日として全店休業となり、その日、平八は社員も家族も連れず、たった一人で山梨県にある徳兵衛の墓に出向き、この一年間にあったことを報告することにしている。

昭和四〇年頃のこと。新宿本店で、タレが入れられている壺の角がかけて汚れがひどいため、板長が買い替えようと田村平八社長に提案した際、鬼と恐れられている社長が人前で初めて涙を流しながらこう言った。

「この壺の中には、オレが焼鳥屋を始めた頃のすべてが詰まっている。買い替えるのはオレが死んでからにしてくれ」

この壺は、店を出した時に、徳兵衛とともに大枚はたいて買った備前焼の壺だ。この壺を使うことなく死んでいった徳兵衛の悔しさを思うと、平八は壺を捨てることがどうしてもできないのだ。ヒビが入ってタレが漏れるため、その後、結局壺は買い替えられたのだが、平八自身が窯元に出向き、「いくらでも金を出すので、これと同じものを作ってくれ」と注文したそうである。ヒビだらけになった古い壺もまた社長室に保管されている。

壺を買い替えた時も、タレはそのまま新しい壺に入れられて、タレはひと時も切れたことはない。少なくなると、新しいタレを足していく。不思議なことに、この壺に入れると、タレに素晴らしい風味が加わる。のれん分けは、必ず、このタレを分けるところから始まる。ほんの僅かだろうが、米軍から盗んだタレがこの中にはまだ残っていると平八は信じている。

かつて、ある雑誌が「焼鳥屋に聞くタレの秘訣」という特集を組むこととなり、取材記者が平八に「この壺には何が入っているんですか」と聞いたことがある。

それまでにこやかに応対していた平八だったが、この時ばかりは真剣な表情でこう答えたそうだ。

「この中には命があるんだ」

事情を知らない記者は、タレを大事にしていることの比喩として「命」という言葉を理解したが、ここでの命はもちろん大山徳兵衛の命のことだ。その命を捨てることができず、平八は、すべてのチェーン店にタレの回収を命じており、今日もまた、その理由をわからぬまま、バイトたちはタレをかき集めているのだった。

以上、株式会社平徳・創立四十周年式典の際に配られた非売品の小冊子「平徳の歴史」を参照した。

おっかしいな、不快な話を書くつもりだったのに、心暖まるいい話になっちまった。

（94年5月記）

追記：なんでもそのまま信じる読者がいるので、念のために書いておくが、六段目以降は全部ウソ話ですからね。

◆尿道炎とともに生きる

前に尿道オナニーについて触れた際に書き忘れたことがある。このことも二度と書かないために、この連載で触れておく必要があろう。

尿道に異物を入れると痛いんだぜ。体験した私が言うのだから間違いない。私の場合はオナニーでなく、カテーテル（尿道に入れる医療用ゴム管）を突っ込まれたのである。

大学生の時、先輩のアパートに集まってビールを飲んでいた時のこと。深夜、突然小便が出なくなった。チンコが壊れたのかと思って、ジーっと観察してみたが、別段、横に穴があいたり、亀頭が腐っている様子はない。おかしいなあと思って、尚も力むが、どうしても出ない。尿意は確実にあるのにだ。

先輩らに「小便が出ない」と告げたら、「膀胱炎じゃねえか」「性病に違いない」「チンカスが詰まっているんじゃないか」と議論は伯仲するが、結論は出ず、小便も出ない。そのうちどんどん尿意が高まる。

「小便が溜まって膀胱が破裂し、部屋が小便だらけになっちゃビールが不味くなる。病院行ってこいや」ということになって救急車を呼び、皆に見送られて私は生まれて初めて救急車に乗った。

膀胱破裂の恐怖を味わいながら、救急車に乗ったことで、少し誇らしい気持ちにもなった。小学生みたいなもんで、救急車に乗るのは、ちょいとワクワクする体験だ。しかし、おかしなことに、救急車に乗ったら、尿意はなくなってしまい、やがてはワクワクもなくなった。血まみれのケガ人とかならやる気を起こそうが、救急隊員は小便が出ないだけじゃ張り合いがないようで、「頑張れ、もう少しの辛抱だ」なんて肩を叩いてくれたりしないのが寂しく、小便ごときで救急車を呼んでしまったことがだんだん申し訳なくなってきたのだ。

練馬の救急病院に着くと、医者と中年の看護婦が眠そうな顔で出て来て、下半身丸出しでベッドに寝かされた。まずは小便を出そうということになり、看護婦がチンコをつまんで、カテーテルを入れ始める。見ると、けっこうこれが太いんすよ。「イヤッ、そんなに大きいの、入らない」と涙を浮かべる処女のような気持ちである。ところが、百戦錬磨の看護婦はカテーテルを処女のチンコにどんどん押し込む。これが痛いというか熱いというか、思わずウグウグとうなり声を上げてしまうほど苦しい。

「彼ったら、私を押し倒して、無理矢理長くて太いものを私の中に入れてきたんです。最初はちょっと痛かったけど、私のアソコはすぐに感じ始めてしまったの」

エロ小説なら、こうなるところだが、カテーテルは少しも気持ちよくない。やがてカテーテルは膀胱に達し、看護婦が腹を押すと、膀胱が圧迫されて、こちらは小便するつもりがないのに、カテーテルの先から小便がジョロジョロと出る。妙なもんだ。「体は抵抗しているのに、私の体の中から、勝手に熱いものが込み上げてきて……」といったところか。

SMでもカテーテルを使ったプレイがある。女王様が奴隷の尿道にカテーテルを入れて腹を押すと、ジョロジョロ小便が出る。これは屈辱的。奴隷にはたまらんが、奴隷じゃない私は「きゃー、恥ずかしい」と両手で顔を覆った(ウソ)。

膀胱が空になったら、今度はカテーテルを抜く。これがまた痛い。あんまり痛くて、「いや、抜かないで」と私は叫びそうになった(これは本当)。

そのあと簡単に診察があり、雑菌による尿道炎との診断が下され、注射を打たれておしまいである。

「それじゃあ、さようなら、お元気で」と私は病院を追い出された。夜中の四時頃だ。尿道炎くらいじゃ入院させてくれず、病院で時間潰しさえさせてくれず、救急車はもちろん迎えに来てはくれない。

私は途方に暮れた。現金を持ってきておらず、タクシーにも乗れない。靴じゃなくスリッパみたいなもので救急車に乗っていて、季節はよく覚えていないが、寒かった記憶があり、防寒具さえ持って出なかったんだと思う。

カテーテルのせいでチンコの内側がヒリヒリと熱く、「まだ私の中にアレが入っているみたい」なんてことを呟きながら、駅前のベンチで時間を潰してから、交番で事情を話して金を借り、始発で帰って来た。

これが記念すべき第一回尿道炎だ。

それから数年後、パンツに黄色いシミがついているのを見つけた。「小便したあと、しっかりチンコを振らないからだな」と思ったが、シミの部分が少しパリパリしている。「なーんだ、オナニーのあとで、しっかり拭かないからか」なんて悠長に構えていたが、そのままほっといたら、今度は、チンコの奥が何やら痛痒くなってきた。これは射精の瞬間のむず痒さにもちょっとだけ似ていて、気持ちいいと思えば思えなくはないが、パンツのシミはどんどんひどくなり、チンコを根元から絞ると、ウミが出てくるようにもなった。パンツのシミはウミのせいだったのだ。

パンツのシミを発見してから一週間ほど経って、ようやく永福町の病院に行った。チンコの先から出ているウミをガラス板にとり、顕微鏡で見た医者は「淋菌が見つからないが、恐らく淋病だろう」と診断した。心当たりはある。二週間ばかり前にセックスをしていたのだ。

「保険がきかないが、この注射を打てばすぐに治る」と医者が言うのに同意して、一本五千円の抗生物質を二回も注射することになった。

最初に病院に行った日の夜、医者のアドバイス通り、思い当たる女に電話して淋病になったことを伝え、「君も早く病院に行った方がいいよ」とあくまで優しく彼女の身体を思いやる私だった。ところが、彼女はそんなハズがないと否定する。淋病はセックスをして一週間から十日程度で発症する。とすると、この女以外に感染源は考えられない。女性の場合は膣内に菌が止まっていれば自覚症状はほとんどないから、一週間や二週間という単位じゃなく、もっとずっと前に彼女のマンコは淋菌に冒されていた可能性がある。

私と彼女は「お前が悪い、この淫乱め」「あんたこそ、他の女としたんでしょ、キーッ」と言い合いにもなったが、ここ何カ月かに範囲を広げれば私以外ともセックスしているに違いなく、彼女は心配になって、自ら病院に行った。

ところが、淋病じゃないと診断されたそうで、「やっぱりあんたが他の女としたんじゃないのさ」と私を難詰し、私の立場は圧倒的に弱くなった。しかし、誓って他の女とやっていないのだ。

これは一体どういうことかと、ふとパンツを眺めれば、まだウミがついている。五千円の注射は全然効き目がない。二回目の注射はまったく効果がなかったのだ。

もしかすると誤診だったのではないか。そこで改めて性病専門の病院へ行った。待合室にいる患者の半数が女性であることに驚き（プロの女性が定期検診に来ていたのかもしれない）、ちょうどそこにライターのSが病室から出て来たことにも驚いた。当時はまだ面識がなかったから声をかけなかったが、写真でその顔を知っていたのだ（後に淋病で通院していたことを本人に確認）。

ここでの診察によると、私の病気は淋病じゃなく、非淋菌性尿道炎というもので、保険が使える抗生物質を注射してもらったら、一発で治った。この病気は雑菌でなるため、セックスでもセックス以外でもなり得るのだ。きっと汚い手でセンズリこいたのがいけなかったんだろう。

あとでわかったが、最初に行った永福町の病院はヤブで有名とのことだ。病院に金を騙し取られた上に女との関係までボロボロにされてしまったぜ。

これ以来、私は尿道炎に悩まされることになる。尿道炎は癖になるのだ。この半年後にまた発病。医者に「なんとかならないものか」と聞いたが、「一度癖になったらあきらめるしかない。徹夜したり、不規則な生活をすると体力が落ち、炎症を起こしやすくなるから、規則正しい生活をすることだね」と言う。

抵抗力がない時に雑菌が入ると、同じところが炎症を起こし、パンツに黄色いシミができ、チンコが痛痒くなる。ウミの苦しみだ。座布団一枚やってくれ。

この不快さを我慢すれば、それ以上病状が進むわけでなく、第一回目の尿道炎の時のように小便が出なくなることもない（あの時は酔っていたせいで、たいして小便が溜まっていないのに、むず痒さを尿意だと思い込んだようだ）。しかし、ほっといて治ることもなく、仕方なく病院へ行くことになる。注射を打てば翌日にはウミが出なくなるから、持病と言える程立派な病気でもないが、やっぱり気持ちのいいもんじゃない。

徹夜が続くとテキメンにウミはやってくる。これが年に二回から三回はあるのだ。徹夜をしないで規則正しい生活をすることなど私にはできないから、一生、尿道炎とともに生きていく覚悟をした。「エイズとともに生きる」と言えば、ちょっと文化的な香りもするが、「尿道炎とともに生きる」と言っても全然カッコよくない。「痔とともに生きる」というのも同じだ。病気に文化的・非文化的、カッコいい・カッコ悪いの区別があるのはどういうことか。などと怒りたくもなるが、チンコからウミを出しながら怒っても説得力ないっす。

ところが、ここ五年ばかりウミを見ていない。相変わらず不規則な生活を続けていて、尿道炎から解放された原因は飲尿しか考えられない。

皆さん、覚えていらっしゃるでしょうか。ジジババの間で空前の大ブームになった飲尿健康法である。私もあのブームに一役買っていて、一時は飲尿界の青年部長と呼ばれていた。尿道炎を治すためでなく、単に小便飲みたくて尿を飲み始めたのだが、飲み始めてからは見事に尿道炎が出なくなった。たまたまあの時期に体質が変わって尿道炎が出なくなっただけと言われればそれまでではあり、本当のところは何なのかよくわからない。ウミが出ている最中に飲み始めれば治癒したことがはっきり確認できたのだから、ウミが出るまで辛抱できなかったことが悔やまれる。
私は今でも小便を飲んでいて、ひどい風邪をひきにくくなり、この歳になっても平気で徹夜ができるのは小便のおかげだと信じている。それに、小便飲むと、肌が非常にきれいになる。私の肌はキメが細かく、下手な女とセックスするくらいなら、自分の肌を触りながらオナニーをした方がましである（こんなことしてないけど）。
飲尿の方法については、いろいろな本が出ているので、そちらを参照していただきたい。今すぐにでも小便飲んで、イミのない暮らしをやめて、ウミのない暮らしをして欲しいものである。座布団全部持ってけ。

（94年8月記）

追記：今も小便は毎朝飲んでいるんだが、この冬はずっと風邪をひいていた。小便も歳には勝てない。

◆魅惑のゴキブリ世界

「不快な話をしてるのはおらんかー」と秋田のなまはげのように不快な話を探し求めている私だが、不快な話というと、すぐにゴキブリの話をするのがいる。「ゴキブリって、飛んだりするじゃないですかあ。あれが不快ですよね」などと娘っ子に言われると、「君は不快な話に取り組む姿勢が甘いんじゃないか。そんなことでは読者に抗議されるぞ。飛ぶのが不快なら、蝶もトンボも、凧も飛行機も、精子もマリファナも不快か。バカにするのもいい加減にしろ！」とどやしつけたい衝動に駆られる。あまりにこんなことを言うヤツらが多いものだから、どうも、それらの人々と私とでは、ゴキブリに対する恐怖心が違うらしいことに薄々気づき出した。

若い娘さんと横浜中華街を歩いていたら、目の前をクロゴキブリが横切った。私が踏み潰そうとしたら、彼女は「お願いだからやめて」と懇願する。

「何言ってんだよ。手で潰すわけじゃないよ。踏み付けるだけだよ」

「そんなことする男とは絶対セックスしないからね」と彼女が言うので、ゴキブリとの男の戦いを放棄した。セックスと男の戦いを天秤にかけたら、セックスの方が重かったことが悲しかった。あのゴキブリとは二度と戦い合う機会がやってこないのかもしれない。今でもきっとヤツは私との再会を横浜で待っているのだろう（もうとっくに死んでるよ）。

彼女はティッシュとかを使ってさえゴキブリを殺せない。他にも掃除機で吸ってしまう女も知っている。そんなことをしてもゴキブリは死なず、掃除機の隙間から逃げ出してしまうんじゃないか。

彼らは（ほとんどが女性だが、時々男でも殺せないのがいる）、殺せないほどゴキブリを嫌っている。これが私にはわからない。嫌いなら殺せばいいのにねえ。

私がそこまではゴキブリを恐怖したり嫌悪したりできないのは、やはり、ガキの頃にゴキブリを知らずに育ったためだろう（北海道育ちのため、ゴキブリを見ることがなかった）。

今年の夏、わが家にはやたらゴキブリが発生した。聞くところによると、ゴキブリの卵は、すべてが孵化するわけでなく、ひとつの固まり（卵鞘と呼ぶ。あの格納庫みたいなやつだ）の何割かは孵化しない。ところが、今年は暑さのせいで十割近い孵化率だったそうで、このためにゴキブリが全国的に大発生したのだという。

しかも、今年、わが家に出現したゴキブリは何故かチャバネばかりだ。以前は、飲食店にはチャバネ、家庭にはクロゴキブリという棲み分けがあったように思うが、どうもゴキブリの棲息地図に変化が起きていて、一般家庭にもチャバネが進出しているような気がしてならない。由々しき事態である（注1）。

私はチャバネを撃退して、クロゴキブリを呼び戻そうと、久々にゴキブリホイホイを仕掛けた。取れる取れる。二つ仕掛けたら、一週間ほどで、それぞれに五十匹以上入っていた。ほとんどすべては生後数日の子供ゴキブリだが、こんなにいたかと驚きましたね。何故、数までわかったかというと、毎日数えていたからだ。時にはあまりに気になって、三時間毎に数えたりもした。チャバネと相性の悪い私だが、数えるのは好きさ。なんでこんなに楽しいんだろうと思うぐらいに楽しい。

ゴキブリホイホイに捕まって、食べ物がなくて辛抱たまらなくなったんだろう、目の前にいる他のゴキブリのケツを食っていたりすると、いよいよ楽しい。ゴキブリの上にゴキブリが重なって、「重いよ、どけよ」「オレだってどきたいよ」なんてもがいている姿を見るのもまた楽しい。

どうしたって、粘着シートの周辺部に固まるわけだが、中程にまで達しているのもいる。おっちょこちょいのゴキブリが、勢いよく駆け込んできて、はたと気づけばネバネバのど真ん中だったりするんだろう。こういった想像も震えるくらいに楽しい。

そして、ここではチャバネのチマチマした感じが、非常によく活かされる。一面ギッシリという印象が強まるのだ。チャバネの面目躍如である。

ゴキブリホイホイに捕まると卵鞘を産むメスがけっこういるが、母体だけでも助かろうとして機が熟していないうちに卵を捨てるのか（注2）、そのほとんどは孵化しない。ところが、そのうちのひとつが孵化して、さあこれから一生をエンジョイするぞと生を受けたばかりの三十匹以上の赤ん坊が動いているのを見た時は感動した。どうして数までわかったかというと数えたからだ。これは壮観だった。卵鞘の殻を中心にして、放射状に赤ん坊が広がっている。卵鞘から最初に出たのがすぐにネバネバにつかまる。それを踏み越えて次の一歩を踏み出したのがまたネバネバ。次がまたネバネバ。こうして放射状に広がったらしい。輪が広がる様をビデオに撮っておいて、老後の楽しみを作っておけばよかった。

コックローチボックスなど、いろいろなゴキブリ捕獲用具が出ているが、収穫をひとつひとつ確認できるゴキブリホイホイがやはり一番よろしい。あれができないんじゃ、なんのためにゴキブリを捕まえるのかよくわからないではないか。

オレってゴキブリをさほど嫌いなんてもんじゃなく、もしかすっと好きなのかもしれないな。

（94年8月記）

注1：チャバネとクロゴキブリの棲み分けの謎については、後に『SPA!』の連載で、ゴキブリホイホイを出しているアース製薬の研究所を訪れ、研究者に説明を受けておおよそ解明した。

注2：ゴキブリホイホイの中で産み落とされた卵鞘が孵化しにくい理由についてもアース製薬で聞いた。湿度と粘着剤によって孵化が妨げられるためだそうな。また、ゴキブリホイホイの中で卵鞘を産み落とすのは、産むべき時期が来ただけのことで、メスが助かるためではないとのこと。

◆胃カメラの思い出

カテーテルを尿道に入れられた三年ほど後に、私は東大病院のベッドの上で胃カメラを入れられていた。いろんなものを入れられてますよね。

親父がネズミを手づかみにして殺すことで知られる、高校の同級生だった山田君は、大学卒業後、ドキュメンタリーやテレビ番組の制作をやっている会社に就職した。私は浪人したため、彼がバリバリ働きだしている頃、私はまだ大学生だったんだが、彼からバイトの依頼があった。

胃カメラを発明したのは日本人で、その発明を紹介するテレビ番組の中で胃カメラを飲むシーンがあり、そのモデルになって欲しいという。二時間程度の撮影で確か二万円のギャラだった。貧乏大学生には魅力である。十年以上前のことだから、今なら三万円、四万円といった金額に匹敵しよう。「今の胃カメラはそれほど苦しくない」との話も聞いて、私はすぐにそのバイトを引き受けた。貧しかった。しかも若くてバカだった。

撮影場所は本郷にある東大医学部で、ベッドに寝て、胃カメラを飲む。私が中学の時だったと記憶するが、うちのオヤジが胃カメラを飲んだことがある。それが如何に苦しいものなのかをさんざん聞かされていたが、最新の胃カメラは非常にコンパクトになっていて、確かにさほど苦しくない。最初に喉を通過する時に「ウゲゲゲ」という感触はある。この「ウゲゲゲ」は、ノドに指でも鉛筆でも歯ブラシでも魚の干物でも突っ込んでみれば体験できよう。ノドに異物感があり（異物だから当然だ）、身体の自然な反応として、それを吐き出そうとしたりするが、胃カメラはしっかり喉に入っていて吐くことはできず、唾液を飲み下すことさえできない。これが辛くはあったが、ノドを通過して胃に達すると、その状態にも慣れてくる。

今の胃カメラは胃の内部をリアルタイムにビデオで見ることができる。モニターをこちらに向けて、「ちょっと荒れているところがありますが、きれいな胃ですね」なんて医者が言う。言葉を発することはできないのだが、モニターを見ながら、「初めまして。いつもお世話になってます」などと自分の胃にあいさつしたりして、その状態を楽しむ余裕まであった。

これで万単位のギャラをもらえるなら、毎朝飲んでもいい。オヤジは、あんなに胃カメラが苦しいなんて言いやがって、案外根性なしだな、とも思った。

引き抜く時に、また「ウゲゲゲ」となって、これで撮影はすべて終わると私は思っていた。ところが、撮影はこれからがメインエベントなのであった。何十年前かの古いタイプの胃カメラも飲むのである。こんな話聞いてない。山田の野郎。

古い胃カメラは、先に電球がついていて、これを光らせると、体を通して光を見ることができる。部屋を暗くして、光を確認しながら、慎重に胃カメラを進ませ、胃に着いたらシャッターを押す。外に映像を送ることができないから、カメラも電球もすべて一体となっている。要するにでかいのだ。

これを飲んで、実際に腹が光るところまでテレビで紹介するという。東大に保存してある胃カメラは世界初のものとは違うが、極初期のタイプである。最近使っていないものだから、医者が二人がかりで、私の体の中に胃カメラを入れる。さっきの胃カメラで、すっかり胃カメラをなめ切っていた私は、「どんな胃カメラだって、全部まとめて面倒見てやろうじゃないか」と大きく口を開けた。

ウゲゲゲゲゲゲゲゲゲゲゲ。さっきのとは全然違う。吐き気の度合いも全然違い、ゴボゴボと胃液が胃カメラの横から溢れ出す。口の中が酸っぱくなり、顔にも飛び散って口の周りが胃液で濡れる。「前夜から何も食わないでくれ」と言われていたのは、このためだったことがようやくわかった。もし食っていたら、辺り一面にゲロを撒き散らしていただろう。検査をするのなら胃の中を空にしておく意味もあろうが、今回は検査をするわけではない。それでも、ゲロを吐かれたら片付けが面倒だし、ゲロで窒息死したら、私の死体を片付けるのが面倒だ。

ノドに胃カメラを入れたまま胃液を吐くのがまた苦しくて苦しくて、涙がとめどもなく流れる。二度とチンコにカテーテルを入れたくないが、これに比べればカテーテルの方がまだましだ。

単に太いだけでなく、古い胃カメラは、どこをどう進んでいるのかをモニターで確認することができないため、胃に届くまでが一苦労。胃カメラを入れてすぐ、ノドのあたりでもう行き詰まって、「あれっ、おかしいな」なんて医者は言っている。昔、この機種を使っていたことのある、恐らく教授クラスであろう医者が、「昔は下手なヤツがやって、胃カメラがノドを突き破ったこともあったんだよ」なんてことを呟く。そりゃ、自分の体験なんじゃないのか。どうもギャラがいいと思ったら、命懸けの仕事だったのだ。

うまく方向が定まらず、三歩進んで二歩下がる水前寺清子状態だ。進んだり下がったりする度に、胃液と涙が出る。おとうさん、バカにしてすいません。胃カメラはやっぱり無茶苦茶苦しいっす(父が胃カメラを飲んだ時には、この胃カメラよりは進歩していたはずではあるが)。

照明を消して胃カメラの光をつけてみると、食道の途中あたりで光が見えるらしく、「おお、光る、光る」などと、医者やスタッフは、皆、嬉しそうな声を出しているが、私には見えず、見えたとしてもそれを楽しむ余裕などない。早く終わってくれ。私の頭の中はそのことしかない。

さっきの胃カメラの何倍もの時間を費やして、ようやっと胃に到着。ここでまた光らせる。胃のあたりが点滅する。らしいのだが、やっぱり私には見えない。唾液と胃液と涙で顔をドロドロにして呆然としているだけだ。金につられた自分を恨んだ。

撮影しなければならないので、この状態をしばらく維持しなければならず、これがまた辛い。最新の胃カメラと違って、口の中に入ったままの状態では、息をするのさえ容易ではないのだ。

長い撮影が終わって、胃カメラを出す時に、またも胃液が溢れた。こんなバイト、二度とやるまい。そう私は誓った。

SMでカテーテルは使うが、胃カメラプレイというのは聞いたことがない。やっぱり苦しすぎるんだと思う。もしやるのなら、今の胃カメラでなく、是非とも古い胃カメラで胃を光らせるとこまでやって欲しいものである。

それからしばらくして、放映された番組を見た。私のおなかが光っている。なるほど、感動的なシーンであった。

（94年8月記）

◆ウンゲロ譚

なんだか知らんが、この連載、やたらと反響があって、ある出版社から早くも単行本にしないかとの話まであった（注1）。このペースだと、本になる量が溜まるには五年や六年はかかるので、それまでは、前にも触れた私と押切伸一の共編著『ウンゲロ』を読んで気持ち悪がっていただきたい。残念ながら、この本は昨年売り切れて、在庫が一冊もない。古本屋では定価より高い値段がつき始めているが、念入りに探せば、まだ安く売っている古本屋もあったりする（注2）。買うなら今だ。『ウンゲロ』というタイトルは、ウンガロと一字違いだから、ファッション関係の本と間違って買うヤツがいるんじゃないかということで押切伸一が命名したものである。前にこの連載でレズ・スカトロ・SMプレイの話を書いたが、その片割れの卯月妙子が出演のビデオがその後出た。井口昇監督『ウンゲロミミズ』がそれで、このタイトルは我々の『ウンゲロ』を踏まえたものかもしれない。大変名誉なことだ。

しかし、ウンコやゲロよりももっと汚いのは、タンじゃないかとも思う。あとになって、本のタイトルを「ウンゲロ譚」にすれば、タンも入ってもっとよかったかもしれないと思ったりもした。

『ウンゲロ』の中には、排泄物に関する詳細なアンケートがあり、そのひとつに「ウンコのプールとゲロのプールとタンのプールがあり、どれかを泳がなければ殺されるとしたら、どれを選ぶか」という質問があった。言うまでもなく、ここに「小便のプール」を入れなかったのは、それがあると、ほとんどの人が小便を選んでしまうことが予想できたからだ。もともと小便は汚くないし、なにより泳ぎやすい。また、プールや海の中で小便をしているのは多いのだから、すでに小便プールは体験しているようなものである（プールや海での放尿についてのアンケートもあって、女性の方が体験率が高かった）。

百人の回答者のうち、「ウンコ・プール」を選んだのが二十一人、「ゲロ・プール」が七人、「タン・プール」が十九人、「死んだ方がまし」が四十三人、無回答が十人という結果になっている。四十三人も「死んだ方がまし」と答えていることを、私は「絶対に許せない」と『ウンゲロ』の中で力強く語っている。たかがウンコやゲロやタンのために命を捨てるということは、ウンコやゲロ、タンより軽い命なのである。そんなにつまらぬ人生を送っているなら、生きている意味など何もない。今すぐ死んだ方がよかろう。

また、タン・プールを選んだのが十九人いたことも私は信じられない。タンが大量にあるところを想像しにくいから選んだだけで、いざとなったら、こんなプールに入るヤツはいないのではないかと思う。粘ついて泳ぎにくいではないか。

愛する人のウンコなら、なめられなくはない。ゲロでもそうだ。でも、タンはなあ。口移しならまだいいけど、一旦、外に出したものはなめたくないよなあ。でも、どうしてかなあ。口の中にあるもんなのになあ。

お母さん方は、赤ん坊が病気になると、タンや鼻水をすすってやるものだ。母の愛は偉大だ。私なら、自分の子供がノドにタンをつまらせて死にそうになっていても、知らぬふりをしてしまいそうだ。女じゃなくて本当によかった。

ウンコやゲロに比べると、タンの気持ち悪さを描いた小説は少なく、だからこそ、筒井康隆の長編小説『俗物図鑑』は衝撃だった。この中に、タン評論家というのが出てくるのだ。手元に本がないので確かめられないが、タンをストローで吸って、タンを出した人の体調や性格までを当てるといったような評論家だったと思う。

これは筒井康隆が雁屋F著『スカトロピア』(ブロンズ社)を読んでヒントを得たものではないかと私は睨んでいる。この本は、排泄物に関する話を集めたもので、この手の本としては、傑作中の傑作だ。私が『ウンゲロ』を作ろうと考えたきっかけになった一冊でもある。

この本に「たん壺」と題した章が収録されていて、これを読んだ時は、この私でさえ吐き気を催した。どのくらいすごいかを皆さんにもとくと味わっていただきたいが、この本はなかなか手に入らないので、ここで抜粋を紹介する。

これは著者が学生の頃の話で、渋谷駅の陸橋（井の頭線とJRの間の陸橋と思われる）の上で、人が集まっているのを発見した。以下、本から引用する。

「ぼくは、人垣きに近寄って行った」「人垣きの中には、男がいた。男は三十くらいで、服装はわりにちゃんとしていた」「男は酔っていた。男は陸橋の通路の上で、陸橋の壁にもたれてあぐらをかいて坐っていた。そして男はたん壺をかかえていた」「男はブツブツと何ごとかを呟やいて、膝にかかえた、たん壺に顔を近づけた。たん壺のじょうごのような口に、ストローが二本ささっていた。男はそのストローをくわえたのだ」「人垣きの中から、声があがった」「男は、周りの人間の声なんぞ少しも気にかけず、ほっぺたをへこませて、力一杯ストローを吸った」「黄緑色や、青緑色や、茶褐色のものが、ずるずると音を立てて上って行くのが見えた」「男はストローを口から離し、自分を取巻いている人々の方をふり仰いで、口を開けてにっと笑った」「口一杯にどろどろした、色のまじり合った粘性のある流動物が、あふれているのがぼくらには見えるのだ」「悲鳴やうめき声が上って、男はうれしそうに、ごくんと喉をならして、口一杯のたんを呑み込んだ」

どうですか、皆さん。ものすごく不快ですね。ウンコやゲロでは、ここまで不快にはならない。実はこのあともっとすごい展開になるんだが、スペースがない。続きを読みたい人は古本屋を回っていただきたい。高値がつけられていても即、買いである。

さて、この私、上記のアンケートでウンコ・プールを選択したのだが、みんなはどうかな。

（94年8月記）

注1：そういえばこんな話もあった。その後、単行本になるのに十分な量が溜まっても、その編集者は全然連絡してこない。こういう失礼な話って、出版界ではよくある。これがどこの出版社だったかまでは覚えていない。オレも十分失礼か。
注2：すでに書いたように、定価以下で古本屋に出ているのを見ることはなくなった。

◆小便評論家

福島に住む知り合いから、こんな話を聞いた。彼が住む地域は下水が完備していないため、浄化槽を使っている。うちの実家もそうなのだが、浄化槽があれば、使用する上では水洗便所と同じで何の不都合もない。ただし、三年に一度くらい、蓄積した汚物を除去しなければならない。

先日、彼の家でそれがあって、その場に立ち会ったそうなのだが、これがものすごく臭い。業者のオジサンには「お宅は、香辛料をよく使うから、臭せえんだよ」と言われたという。香辛料の使用量によって、クソのニオイは変わってくるのだ。

香辛料をよく使う家には決まって若い世代が住んでいる。当然、肉をどの程度食うかによっても、ウンコのニオイや量に変化があり、これらから家族の年代が推測できる。老夫婦の家だと、食う量が少ないためにウンコの量も少なく、ニオイもほとんどないのだという。このように、浄化槽の汚物を見るだけで家族構成までがわかってくるのである。

この話に私はプロの技を見た。見習いたいものである。もし、浄化槽でなく、より細かくニオイや色を確かめられる汲み取り式便所であったなら、この技はさらに冴え渡ることだろう。家族の人数や男女比、それぞれの年齢、病気の有無、食べ物の好みぐらいはお茶の子さいさい、さらにすごいテクを持つ汲み取りの神様的な人だと、貯蓄高や性生活、学歴までわかったりするんじゃなかろうか。汲み取りが減ったため、このようなプロの技は消滅しつつあるだろうことが残念だ。タン評論家は筒井康隆の創作でしかないが、こちらの話は現実にいるウンコ評論家だ。

私は小便評論家になろうかと半ば本気で考えたことがある。私が飲尿を始めたのは、九〇年の春のことだ。

その数年前から、雑誌で読んで飲尿療法のことは知っていたが、この頃はまだブレイク寸前で、私自身、半信半疑だった。そこで、『ウンゲロ』で取材をすることになり、その結果、興味を抱き、自分でもやってみたというわけだ。あれから、いろいろなことがありました。テレビで小便グビグビやったこともあったし、超大物女性ミュージシャンが、人を通して飲み方を教えて欲しいと言ってきたりしたこともあった。

これだけの間、飲尿を続けていると、いろいろなことがわかってくる。飲尿健康法をどうとらえるかによって、人間が見えてきたりもする。また、小便の味は刻々と変わることも舌で知って、自分の体調を、アバウトながら把握できるようになる。朝一番のはやっぱり濃い。疲れている時や風邪気味の時も濃い。しかも不味かったりする。体調のいい時の小便は苦みがさほどなく、濃くても飲みやすいのだ。

自分の小便はもちろんのこと、他人の小便に対してもさほど嫌悪感はなくなる。自ら好んで飲みたいとは思わないけれど、好きな女の小便なら平気で飲める。平気で飲ませる女がいないだけだ（嫌いな人間のは絶対に飲みたくないのは言うまでもない）。

その機会は意外なところからやってきた。SM誌の取材で、当時目黒ラビリンスというSMクラブにいた翔子女王様にいたぶってもらうことになった（その後、彼女は別のクラブに移った）（注1）。何をされても、痛くて辛くて怖いだけで、全然チンコは立たなかったのだが、どうやったらプレイを中止してもらえるのかのルールを知らない私は、肛門にディルド（張り形）を入れられてさえも耐えるしかなかった。

その様子に打たれるものがあったのか、一所懸命に耐えた私へのご褒美として、翔子女王様は聖水を与えてくれることとなった。すなわち小便である。

翔子女王様は大変な美形でいらっしゃって、普段は性格がおっとりしており、私のタイプである。初めて小便を飲む相手としては望ましい。

人によっていろいろだが、女王様は、通常、簡単に裸にはなってくれない。奴隷如きに裸を見せるわけにはいかないのだ。それまでのプレイでも、翔子女王様はコスチュームをつけたままである。しかし小便するとなればマンコ丸だしだ。「やったぜ」と私が喜ぶ様を見て、翔子女王様は「そんなに喜ばれちゃ、やりがいがない」とやる気をなくしそうになったが、それをなだめて私の口の中に直接放尿してもらった。

翔子女王様は気に入った奴隷にしか聖水を与えない。じっくりと味わわなければ失礼である。マンコを眺めながら、舌の上で翔子女王様の小水をたっぷり味わってから飲み干した。彼女の小水は塩味が強く、苦みや臭みはほとんどない。これは体調がいい時の味だ。「翔子女王様、健康ですね」と言ったら、翔子女王様は照れてやんの。まさか、小便をそこまで味わうとは思っていなかったのだろう。飲尿ブームの最大の被害者はSMの人達かもしれない。

SM雑誌や投稿写真誌で女に小便を飲ませている写真が出ていたりするが、あれを見ても、「おお、やっちょるやっちょる、健康的だなあ」なんて感想しか抱けない。全然淫靡なものではなくなってしまったのだ。

翔子女王様には大変申し訳ないことをしてしまったが、この日の体験から、私は小便評論家になろうかと思ったわけだ。健康な人の小便には細菌が一切含まれていないが、血液や泌尿器関係の感染症の場合は、小便が媒介となることもある。だから、飲んだりはせず、舌で味を確かめるだけにしておいた方がよさそうだが、もっと舌を鍛練すれば、十分小便評論家は成立する。「私のお小水を飲んでください」なんて娘さんが殺到してモテモテさ。そう思ったが、その後、需要はまるでない。

(94年8月記)

注1：この時の様子は『エロ街道をゆく』を参照のこと。

◆怪談

お暑うなりました。こういう時は怖い話に限ります。

何が快で何が不快かを見極めるために、この連載を続けているのだが、怪談話もまたその境界線上にある。私はホラー映画など怖いものが非常に好きだ。つまり快である。一方に、怖い話は不快だという人もいる。ホラーファンは「怖いから好きなの」ということになり、嫌いな人は「怖いからイヤなの」というわけだ。同じものを受け取りながら、片や快となり、片や不快となる不思議さよ。

私は九十九%の幽霊話、UFO話、超能力話は、インチキか、体験したがり野郎の戯言だと思っている。私にとっては、怖いことより、信じたがり、体験したがりの人間の存在こそがずっと不快だ。ほら、よくいるじゃないですか。怖い話をしていると、「私、よく金縛りになるんですぅ」とかって言い出す女が。

金縛りは私だって何度か体験しているが、ありゃ寝ぼけているようなもんだろう。あれが霊現象なら、起きている時に金縛りになったっていいではないか。セックスで達したあとに金縛りみたいになる女はいるし、私はよく道できれいなおねえちゃんを見て金縛り状態になるが、テレビを見ている時とか、人と話している時に身動きできなくなったという話は聞いたことがない。そういう人がいたとしても、霊現象とは何の関係もなく、どこか病気だろう。

　では、そういった超常現象やオカルトの類いをすべて否定するのかというと、そういうことでもない。何かあるかもしれないとは思っていて、だからこそ、なんでもかんでも肯定したがる人が不快なのだ。あれでは本当のことは何もわかるまい。

　なんでもかんでも霊現象やＵＦＯ、超能力にしてしまいたがる人間は、よっぽど今の人生に自信がなくて、別の世界、別の価値観があると信じて、現在は仮の場なのだとしてしまいたいんだろうね。

　それに、どうせ怖い話をするのなら、ウソでいいから、もっと怖がらせて欲しい。大槻ケンヂが指摘しているように、稲川淳二の怪談は、有名な怪奇小説をアレンジして友達から聞いた話のように語っていたりするインチキもんだが、しっかり怖がらせるから芸として許せる。しかし、女性タレントが「私、金縛りになるんですぅ」とテレビで言っているのを見ると、首絞めて、「オラオラ、身動きできんだろ。これが霊現象か。オレが霊だとでも言うんか。なんとか言ったらどうだ」と問い詰めてやりたくなる。いいギャラをもらって金縛りはないだろ。だからといって、こういう小娘が上出来のウソ話をやったところで、ウソはバレバレになってしまうから、怪談にも話術は必須ということになりますな。私が知り合いから直接聞いた幽霊話で、心底怖くなったのはたったの一回しかない。では、それを紹介してみるとしよう。文章力がなくても、これはたぶん怖い。

Iさんというミュージシャンから、こんな話を聞いた。Iさんの当時のマネージャーOさんは非常に不思議な体験をいろいろしているという。Iさん自身がその一端を見ている。

例えばこんなことがあった。レコーディング中、OさんがスタジオＩに来るのを皆で待っている。「遅いねえ」などと話していると、スタジオのドアが開く。「あれっ、来たのかな」と思うが、誰も入って来ず、ドアの周辺にも人はいない。

ご存じかと思うが、スタジオのドアは非常に重く、取っ手もキツく閉まるから、ドアが自然に開くことなどあり得ない。「おかしいな」と思っていると、ちょうど、そこにOさんが来る。「今、このドア開けた?」と聞くが、「いや、今来たところだよ」とOさん。

これだけなら全然たいしたことがない。ドアは最初からしっかり閉められておらず、ちょうどその時に開いたように錯覚しただけかもしれない。あるいは、スタジオの人がドアを開け、開けたはいいが、何か急用を思い出してそこをすぐに離れたのかもしれない。私ならそう判断する。

Iさんは「Oさんの話は身の毛がよだつので、本人から聞いてみなよ」という。そこで私はOさんに会った時、「教えてくださいよ」と頼んでみたが、なかなか語りたがらない。

「こういう話は興味本位でするもんじゃないですよ。それに僕は、今でも霊なんて信じているわけじゃないんですから」

私はOさんの話をどうしても聞きたくなった。この発言からしても、Oさんは「霊現象体験したがり病」患者ではない。「霊を信じていないのなら、話してくださいよ」としつこく頼んで、「この話は一回しかしませんよ」との条件でようやくOさんは重い口を開いた。

Oさんはかつて事故で生死の境目をさまよったことがある。意識が戻らず、もうダメかもしれないということになって、親族が病院に呼ばれた。

その時、Oさんは、臨終の際に体験すると言われる典型的な光景を見ていた。川があり、その向こうにはすごくきれいな花畑がある。そこに女が立って、おいでおいでをしている。ああ、あっちに行けば楽そうだな、と思って、そちらにフラフラと歩き始めた。ところが、ここで自分の名前を呼ぶ者がいる。そこで立ち止まり、声を聞こうとしたところで目が覚めた。周りに親族が集まっている。親がOさんの名前を呼んでいたのである。

この体験をしても、Oさんは安直に死後の世界を信じるようなことはしない。誰もがこういった話を一度は聞いているから、意識が朦朧としている時に、記憶によって作られた幻影を自分自身が引き出しているだけかもしれないからだ。Oさんは冷静なのだ。

しかし、この体験を境に、それまで霊体験といったものがまるでなく、まるっきり信じてもいなかったOさんに、次々と不思議なことが起き始める。こんなことだ。

大学時代の友人二人が事故と病気でたて続けに亡くなった。それからしばらくしたある夜のこと。Oさんが住むマンションの窓の外にかけてある風鈴がやたら鳴る。風が強い日でもないのにおかしいなと思って窓を開けた。やはり風は吹いていない。ともかく音が耳障りなので、風鈴の紐を短くして鳴りにくくすることにした。紐を外しながら、ふと正面にあるマンションを見たら、ベランダに人影がある。洗濯機の横に二人立っていて、身動きせずに、こちらを見ている。

「あんなところで何をしているのだろう」

Oさんが目をこらすと、死んだ友人二人ではないか。

慌てて窓を閉めた。あの二人は、それぞれ自分の友達だったが、彼ら二人の間には交流がない。幽霊だとしても、知り合いではない彼らが一緒に仲良く出てくるわけがない。と、さほど意味はないことをOさんは考えて自分を納得させ、もう一度窓を開けてベランダを見た。誰もいない。何かの見間違いだろうと思い込むことにした。

それから数年後、Oさんは思い出すのもイヤだという体験をした。これを語るOさんの腕には鳥肌が浮き始めていた（ホントに腕いっぱいに鳥肌が立っているのを見た）。

Oさんが仕事のため、同僚と二人で札幌に行った時のことだ。予約しておいたホテルは、さほど古い建物でもないのに、妙にさびれた雰囲気があったという。着いたのが夜遅くだったこともあって、ロビーに人の気配がない。フロントにさえ従業員がおらず、呼び鈴を鳴らした。大きいホテルじゃなければ、時々こういうことはある。

出て来た従業員は、予約表を見てOさんらにこう言った。

「三名様ご予約ですね」

「違います。二名です」

頼りないホテルである。

宿泊客がほとんどいない時期で、シングル料金でツインを借してくれることとなり、Oさんと同僚は気を取り直した。

「よかったね」

「ラッキーだよ」

このことがあとでOさんを恐怖のどん底に落とすことになろうとは知る術もないまま、そんなことを語り合いながら、エレベーターに向かった。

それぞれの部屋に荷物を置き、二人は食事に出掛けることになった。時間が遅いため、食べ物屋はどこも閉まっている。遠くまで行くのは億劫で、その辺の居酒屋に入ることになった。

まずはビールを注文。ところが、ここでもコップが三つ運ばれて来た。

「僕ら二人ですよ」

「あれ、三名様で入っていらっしゃいましたよね」

「いいえ、二人ですよ」

店員は怪訝そうな顔をしている。ホテルのミスに続いてのことだけに、「気持ち悪いなあ」とOさんと同僚は顔を見合わせた。

しかし、そんなことは忘れ、食事を終わってホテルに戻った。フロントにはまたも誰もおらず、ロビーはひっそり静まり返っている。

エレベーターのボタンを押す。エレベーターは一階に着いていて、すぐにドアが開く。と、奥に女の子と男の子が乗っている。人が乗っていたことだけでもギョッとしたのだが、それが姉弟らしき小学生くらいの子供であることにも奇異な思いがした。夜の十二時過ぎである。子供がウロウロする時間ではない。

しかし、ホテルに家族連れが泊まっていることはおかしくなく、旅行で浮かれて寝られず、子供がエレベーターで遊んでいることだってあり得なくはない。さほど深くは考えずに彼らも乗り込み、自分たちの部屋がある階のボタンを押した。エレベーターの表示がどんどん上がっていく。子供に話しかけようかとOさんは振り返った。誰もいない。背筋が寒くなって、同僚をつついた。同僚も困り果てたような顔をしている。

「子供がいたよね」

「うん、いた。女の子と男の子」

同僚も同じ子供を見ていて、エレベーターの中に彼らがいたことは間違いないが、その子供らがちょっとした間に、かき消すようにいなくなってしまったのだ。

子供らは一階にある自動販売機にジュースでも買いにエレベーターに乗って、一階に降りてきたところに、ちょうど我々が出食わした。我々が中に入るのとすれ違いで外に出たのだが、背が低いので我々には見えなかったんだろう。よく考えてみれば、休みの日でもないのに、家族連れがホテルに泊まっていることなどあるものだろうかと思わないではなかったが、Oさんと同僚は、そのように結論づけた。そうとしか考えられないのだ。

予約が三人になっていたり、コップが三つ出てきたり、子供が消えたりと、どうも今日はロクな日じゃないと話しながら、それぞれの部屋に入った。

何かイヤな気持ちはした。しかし、疲れていたため、Oさんはすぐに寝付いた。

寝付いてからさほど時間が経っていないうちに、Oさんは目を覚ました。何やらゴトゴト音がする。地震か。隣の部屋から聞こえてくるようでもあるが、この部屋は角部屋で、隣の部屋などない。暗闇で音のする方をよく見た。もうひとつのベッドがあるだけだ。音はどうやらベッドの下から聞こえてきているらしい。

さらに目をこらす。ベッドが小刻みに動いている。音はベッドが揺れている音だったのだ。その時、ベッドがバタンバタンと大きな音をたてて上下に揺れ始めた。驚いたOさんは慌てて枕元の電気をつけた。ベッドの揺れは止まった。部屋の照明をつけて、ベッドの下に何かいるのではないかと覗き込んだが、何もいない。ベッドを揺すったりもしたが、揺れる原因は見つからない。

「どうもオレは疲れているようだ」とOさんは思った。幽霊やポルターガイストといったことは頭になく、寝ぼけて錯覚を起こしたんだろうと考えたOさんである。

電気を消して、また寝ようとする。やがてコトコトという音が始まって、再び隣のベッドが揺れ出す。コトコトがガタガタになる。そして、またバタンバタンと大きな音とともにベッドが振れ始める。Oさんはまた電気をつけた。揺れは止まる。これは錯覚などでは断じてない。

しかし、ここに至っても「オレは相当疲れているようだ。さっさと寝てしまうしかない」とOさんは思い、自動販売機にビールを買いに行くことにした。

エレベーターに乗って一階へ降りる。静まり返ったロビーに、自動販売機のモーターのうなりだけが響く。自動販売機の前に立ち、百円玉を一枚、二枚と入れる。その時、Oさんは人の気配を感じた。振り返った。階段に誰かいる。

さっきエレベーターに乗っていた二人の子供が階段にしゃがんで、こちらを見ているではないか。Oさんと目が合った瞬間、彼らが二人揃ってニヤリと笑った。

うわーっと思って、その場にOさんはへたり込んでしまった。改めて、階段のところを見るが、もう誰もいない。またも彼らは忽然と消えてしまったのだ。

ビールを手にする間もなく、ブルブル震える体を押さえて、ようやく部屋に帰り、電気をつけたままベッドの中にもぐりこんだ。

外が明るくなるまで一睡もできなかった。

朝、真っ先に同僚の部屋のドアを叩いた。同僚は目をこすりながら、「何事もなく、ぐっすり寝た」という。

ホテルの人に子供連れの客がいなかったかどうかを確かめたが、家族連れの宿泊客などおらず、ホテルの中に子供がいるはずがないときっぱりと言った。昨夜あったことを話し、念のためにあの部屋で殺された人や自殺した人がいなかったかと聞いたが、心当たりは何もないとの答えだった。

以上がOさんの話だ。ホテルの予約人数を間違えていたことやコップが三つ出てきたのは、どこのホテルや飲み屋でも、月に一回や二回はあったりするような勘違いかもしれず、それがたまたま重なったに過ぎないとも思える。しかし、エレベーターに乗っていた子供は同僚も見ているのだ。

よくある怪談話では、最後のところで、ホテルの人間が「やっぱり出ましたか。実はあの部屋では、奥さんに逃げられた男が、子供二人を道連れにして無理心中したんですよ」と答え、飲み屋に一緒に行ったのが父親だったということになって、何もかもが符合するというオチになるんだろうが、考えてみると、もしこんなことがあったとしても、ホテルの従業員はイメージダウンを恐れて口外しないのが普通である。であるが故に、この話、非常にリアリティがある。
しかし、これだけの体験をしても尚、Oさんは「幽霊かどうかは今でもわからない」と言っている。ましてや「恐怖体験をした」と堂々語るような人は、もっと怖い話をして欲しいものである。

（94年6月記）

追記：私はウソ話をよく書くので、この話もウソと思われかねないが、Oさんに聞いた話そのまんまである。私がウソ話を書く時は、ウソとわかるように書いているつもりなので、必要以上に疑わないでください。

◆クモホイホイ

私にとってゴキブリの話はたいして不快じゃないが、ゴキブリ情報を寄せてくれる人が多いので、ここでいくつか紹介しておく。

ライター、ミュージシャンとして活躍の岸野雄一氏に聞いた話だ。紙コップで出てくるジュースやコーヒーの自動販売機がよくあるが、タンクからコップに注がれる途中に網が設置してある。不純物を漉すためのものだが、ここにゴキブリの死体が溜まるそうだ（機械の種類にもよると思うが）。

冷蔵庫の裏や炊飯器の下にはよくゴキブリがいる。ゴキブリは寒さに弱いため、熱のあるところに集まり、そういった場所で冬を越すこともある。同じように温度が高く、飲み物まである自販機は快適な棲み家となっていることが想像できる。ゴキブリが生きて行くには湿度も必須で、とりわけオフィスビルなど空気が乾燥している場では、自販機がオアシスのようになっているんだろう。そして、網に溜まった死体からにじみ出たゴキブリ・フレイバー入りのジュースやコーヒーを我々は飲んでいるってわけだ。

これを知って「絶対にああいう自販機は使わない」というのがいるが、昔のように汲み取り便所に出入りしていた時代のゴキブリと違い、今のゴキブリはさほど不潔でもあるまい。そんなことを言っていたら、何も飲めない、何も食べられない。ソバに唐辛子さえ振りかけられない。

イラストレーターのソリマチアキラ氏が言っていた話だ。ソバ屋の七味唐辛子の入った竹の筒を振ったら、中で何かゴソゴソしている。穴から覗いたら大きなゴキブリだったそうだ。ゴキブリが子供のうちに入り込んで、やがて外に出られなくなったらしい。一生唐辛子しか食べられない彼の気持ちを考えると、いたたまれなくなるが、井伏鱒二の『山椒魚』のようで、ちょっといい話である。

また、ソリマチ氏がレストランバーで働いていた時の話。このレストランバーでは、タラコスパゲティに使ったタラコの皮をオカズにして従業員はメシを食っていた。表向きはオシャレな店なのに、裏ではタラコの皮の食事。何事にも表と裏があるという教訓である。

そして、一見きれいに見えるレストランには、必ず膨大な数のゴキブリがいる。そのレストランバーでは、月に一回、業者が殺虫剤を撒く。すると、一体どこにいたのか、何百何千ものゴキブリの死体が床という床を埋め尽くし、どこを歩いてもゴキブリの死体を踏んでしまう。従業員がホウキで掃き出すと、あっという間にゴキブリの死体の山が出来上がる。

殺虫剤が撒かれる中、苦しくて冷蔵庫の裏、シンクの裏、ガス台の裏からゾロゾロ這い出してくる様も、老後の楽しみにビデオに撮っておきたいところだ。

普通の人よりゴキブリ寄りの立場にいる私は、昔からよくこんなことを考えていた。ゴキブリが嫌われるのは芸がないからではないか。似たようなものなのに、クワガタやカブトムシが好かれて、ゴキブリが嫌われるのは、角がないからである。クワガタやカブトムシだって、角のないメスは人気がない。また、スズムシ、コオロギがかわいがられるのは鳴くからだ。カマドウマは鳴かないから人気がないんだろう（形が不気味で、ジャンプ力があるために怖いという人もいる）。

ということは、ゴキブリに角があって鳴けばいい。春先になると、あちこちからブリブリと鳴き声が聞こえてきて、「ほう、もうゴキブリの季節ですか」なんて会話が交わされ、「春を告げるゴキブリ到来」といった見出しが新聞に躍る。春から秋までの風物詩。冬以外ずっとじゃ、風物詩としての味わいに欠けるけど。ゴキブリの鳴き声は、俳句にだって詠み込まれる。秋になると、「農作ゴキブリ祭り」なんてものがあちこちで開かれ、そこでは念入りに育てたゴキブリの鳴き声を競う大会もある。とにかく数が多いから、飲み屋街では、毎夜ゴキブリの鳴き声がウナリとなって聞こえてくる。風流でもなんでもないな。

このアイデアを話すと、ことごとくの人が今の方がまだましだという。どうしてだあ。そりゃ、食わず嫌いというものだろ（全然意味が違う）。

さて、私はクモが嫌いだ。小さいのはかわいく思え、糸を出させて遊んだりする。しかし、大きいのになると、見るのも嫌だ。子供の頃、便所に大きなクモがいたために小便できず、チビッたこともある。特に苦手は女郎グモ。黒と黄色の模様、胴がプックリ膨れた様子、足の長さ、どれをとっても不快だ。

ここで私は考える。もし、ジュースの自販機の網にクモの死体が溜まっていたとしたら……。うわー、もうダメ。いくら病原菌を持っていなくても飲めない。七味唐辛子の容器の中に女郎グモがいて、糸を出していたとしたら……。これもダメ、全然ダメ。お話にならない。その七味唐辛子は二度と使えない（ゴキブリだったら私は使う）。

こうやって、クモに置き換えると、皆さんが話してくれたゴキブリの話が、急に私にもリアリティを持って迫ってくる。そうか、そうだったのか。皆さん、私にとってのクモと同じくらいに、ゴキブリが嫌いだったのね。早く言ってよ。北海道育ちのためゴキブリを見たことがなく、小学校二年の時に、京都の祖母の家でゴキブリを見て、てっきりクワガタの親戚だと思って昆虫採集していた人間なんだから、言ってくんなきゃわかんないっすよ。

では、クモ嫌いの人達は私と一緒に想像して、ゾーッとしてみましょう。もし女郎グモに羽があって、こちらに飛んできたら……。殺す余裕などなく、ただもうオレは逃げる。ティッシュがあっても殺せない。ティッシュを隔てた向こうでプチッと潰れるのがわかるのも嫌だし、間違って腕を駆け上がって来て、首筋から服の中に入り、体の表面をあちこち動き回ると考えるだけで、もう居ても立ってもいられない。クモがいると、すぐに踏み付けて殺そうとする女がいたら……。絶対セックスしないもんね。クモに角があって、これが鳴いたとしたら……。クモホイホイにクモがいっぱい捕まって、ゴソゴソと動いていたら……。

誰だ、こんなことを考えたのは。だんだん腹が立ってきた。

(94年8月記)

◆食虫

渋谷にあるギャラリーで不快な話を収集していたところ、そこの女性スタッフが、こんな話をしてくれた。

「子供の頃、外で風船ガムを噛んでいたら、口の中で何か潰れたんですよ。ガムをふくらませた時に、てんとう虫がくっついて、そのまま口に入ってきていたんですね」

童話でもおなじみのてんとう虫でよかった。これが横幅十五センチくらいある大型の蛾だったら、こんなにメルヘンじゃなくなる。十五センチの蛾が口に入ったのを気づかないようなヤツは、口の中で潰れても気づかないけどな、きっと。

そこにいたもうひとりのスタッフが続ける。

「レストランでサラダを食べていたら、プチッという感触があって、その直後、苦い味が口の中に広がったんですよ。何かと思ったら、アオムシでした」

これは無農薬野菜を使っている証明なのだから、喜ぶべき話ではないかと思うのだが、彼女にとっては不快さの方が先に立ったらしい（誰だってそうか）。アオムシだって童話の登場キャラクターだが、アオムシの腹が破けて黄色い粘液が口中に飛び散るのは、メルヘンというより、日野日出志のマンガかもしれない。

　しかし、ニューギニアじゃ、蛋白源が少ないため、生のままムシの幼虫を食べる。これは甘みがあって美味しいという話も聞いたことがある。ニューギニアに限らず、ムシを食う文化は世界各国どこにだってある。同じ理由から信州じゃイナゴやハチの子、カイコの幼虫の佃煮を食べる。イナゴの佃煮は私も好きで、近所のスーパーに売っているので、よく買ってくる。トゲトゲしい舌触りが大変よろしい。ただ、ハチの子とカイコはどうもねえ。食べたことはあるが、見た目がどうしても食欲を刺激しない。ハチもハエもたいして変わりなく、ハチの幼虫はどう見てもウジムシですよ。カイコの幼虫はイモムシだし（注1）。

　ところが、信州育ちの人は、本当にあれが好きだ。昔、サラリーマンをやっていた頃、信州土産にハチの子の缶詰を買って会社に持っていったことがある。「ゲー」「気持ち悪い」という声の中、信州出身者がそこにやってきて、「えー、みんな、食わないの」と、大喜びで弁当に振りかけておいしそうに食っていたものだ。皆さんに不快がってもらおうと思って買った土産なのに、あんなに喜ばれたんじゃ、私の立つ瀬がない。

　しかし、私はその人物が羨ましかった。私はあの美味しさを一生知らずに死んでいく。人生にはいろいろな喜びがあるが、そのひとつを私はわからないのである。セックスの喜びを知らずに死んでいくようなものだ。セックスとハチの子を並べなくてもよさそうなもんだが、人が楽しんでいることを自分がわからないでいるのは悔しいタチなのである。

所詮、人の快、不快なんていい加減なもので、よく言われることだが、ある国における食生活の快が、他の国の人にとっての不快だったりする。ナマコやホヤを食う日本人はやっぱりヘンだろ。タコやイカだって、国によっては悪魔の使者だし、納豆を食うのも悪食の極みだ。私は納豆を食わないので（旅館とかで出されると渋々食うが、うまいと思ったことはない）、糸を引くほど腐った豆を毎日のように食うのは、日本人の私から見ても、舌か頭がおかしいとしか思えない（注2）。

荒俣宏・訳『ゴードン・スミスのニッポン仰天日記』（小学館）は、明治末期に来日したイギリス人博物学者の日記だが、この中に、鯉の生造りを食べようとするくだりがある。著者は、目の前に出された鯉があえぐ姿を見て一切れも食べられず、「私は生涯これほど野蛮で残酷なものを見たことがない。スペインの闘牛でもおよばない」と嘆いて、ベルトからナイフを取り出して椎骨を切って絶命させてやる。

そして、料理人に、「あなたは、たしかにきれいにつくってくれたが、早くこのような残酷なことを禁止する法律が定められるといいですね」とホザく。

著者は自らこの料理を頼んだのである。なのに、なんと野蛮で礼儀知らずな態度か。鯉ごときにビビリやがって。そのくせこの男は狩りが好きで、キジ撃ちを頻繁にやっている。

どうなっとんだ、こいつの頭は。

鯉の生造りより、虫がわいたチーズを食うヨーロッパ人（どこの国か忘れた）の方がよっぽどどうかしている。もっとどうかしているのは、ツバメの巣、蚊の目玉を食う中国人だ。

イラストレーターの霜田恵美子とダンナのジョン（ミャンマー生まれの中国人）と、ニューヨークの郊外を車で走っていた時のこと。ニューヨークは、ちょっと走ると、広大な自然公園に入る。ジョンが「ちょっと待ってて」と言って車を止めた。何かと思ったら、野生の鹿を見つけ、手に石を持って捕まえようとしている。野生ではあるが、あんなもん捕まえたら、法律に触れるんじゃないか。ジョンは本気で鹿を今晩の料理にしようとしていたが、それほど鹿もバカじゃなく、石をぶつける前に逃げられてしまった。

さすが、「空を飛ぶもので食べないのは飛行機だけ、四本足で食べないのはテーブルだけ」と言われる中国人だけのことはある。

ペキニーズはもともと中国の食用犬だし（イヌを食う習慣は朝鮮にもあり、日本でだって昔は食っていた）、サルの脳みそまで食う。この料理はインドネシア（マレーシアだったかな）にもあったりするらしいのだが、頭の毛を剃いだサルを連れてきて、テーブルの真ん中に空いた穴から頭を出させる。トンカチでスコーンと頭を割って、ゼラチン状の脳みそをすするのである。こんな料理は昔のものだと思っていたが、つい最近、知り合いの知り合いが食って来たそうである。

さすがにサル料理はかわいそうな気がしてしまうが、即死させるサル料理よりも、生殺しにする鯉の生造りの方がよっぽど残酷との解釈もあるのだろう。

かくも人間の感覚はさまざまだ。自分が不快だからといって、他人も同じだと思い込むのは慎みましょう。

（94年8月記）

注1：その後、『SPA!』で食虫の話を取り上げて、信州で蜂追いをやり、生のハチの子を食した。一五三頁「アナル選手権」も参照のこと。どういうもんだか、食虫の本がその後何冊も出ているので、詳しくはそちらを参照していただきたい。

注2：その後納豆も好物になり、今もよく食っている。これも『SPA!』で取り上げた。

◆キンタマの注意

風呂に入っていたら、宅急便が届いた。急いでTシャツを着て短パンをはいて出た。古本屋に注文していた本がごっそり入っている。中を確かめていたら、あっという間に出掛けなければならない時間になった。パンツをはいていないことに気づいたが、誰もわかりゃしないかと思って、そのままの格好で外出した。

高校の時、ノーパンが流行った。学生ズボンをはいているのだから、はいてもはいてなくてもわからないわけだが、わざわざパンツをはかないで学校に行き、「今日、オレ、ノーパンだぜ」と告白するのである。あれは一体なんだったんだろう。

以来、何らかの事情でパンツをはかずに外出したことが何度かはあると思うが、短パンだと、いつ何時、チンコがハミ出やしないかとの緊張感がある。その緊張感と爽快さがうまくブレンドされて、久々のノーパンは大層気持ちよく、会う人会う人にノーパン自慢をした。しかし、この頃は、めっきりノーパンの人が増えていて、自慢するほどのことでもなかった。

この間、あるギタリストの家に行ったら、そのギタリストも、そのギタリストの彼女も、その場にいたある女性も、皆、ノーパン主義者だった。

もともとはノーパン健康法とやらが始まりなのだろう。寝る時にパンツをはかないだけで、肩凝り、生理痛などが治ったという人続出らしい。そこから今度は、朝から晩まではかない人まで出て来た。また、ノーパン・ブームは、お立ち台ギャルからの流れもあったりするのかもしれない。

かつての日本のように、男はふんどし、女は腰巻きという下着であれば、ほとんど股間を締め付けず、風通しもいい。ところが、西洋風スタイルは、服そのものが体を締め付け、さらに下着が締め付ける。風通しも悪いから、湿度の高い日本には向かない。

先進国では精子の数が減っていて、妊娠させられる数に及ばない不妊症の男が激増しているが、ジーンズやブリーフなど、キンタマを圧迫し、キンタマの温度を高くしてしまう服がその原因のひとつと言われている。キンタマが体の外に出ているのは、精子製造に適した温度が体温より低いためで、この微妙なメカニズムにとって、たかがジーンズや下着が悪影響を与えるのは十分に考えられることだ。他にも放射能や食品添加物、ストレスなど、精子減少の理由はいろいろと言われているが、ものすごくわかりやすいジーンズや下着のせいというのが私は一番好きだ。

たぶんこれからノーパン主義者はもっと増えていく。でも、気をつけてくださいね。

私の本職は店員である（注1）。ある日、店員をやりながら、ウンコをチビってしまった。客がいないのを見計らって屁をこいたら、ニュルニュルと軟便が出てしまったのだ。ケツを拭きにトイレに行ったら、肛門周辺にベッタリと粘度の高いウンチがついていた。パンツにもついていたのでコンビニでパンツを買おうかとも思ったが、それほど大袈裟なものでもなく、パンツのウンチを拭って、そのままはいた。

家に帰って短パンを脱いだら、ここにもウンチがついていた。パンツのウンチはしっかり拭いたつもりだったんだが、下痢気味だったので、滲みたんだろうね。この時、パンツをはいていなかったら、さらに短パンが白い生地だったら、短パンのケツの部分に茶色のシミができたに違いない。パンツはいててよかった。

時々私の代理で店員をやってくれているS君という編集者がいる。S君が電車に乗っていた時のことだ。この日、S君は、あちこちに穴が開いたボロボロのジーンズをはいていた。膝だけじゃなく、股間にまで穴が開いていたのである。S君は椅子に座っていたんだが、ふと自分の股間を見たら、キンタマが出ているではないか。急いでキンタマをしまったそうだが、電車はそこそこ混んでいたので、キンタマを目撃した人は確実に何人かいただろう。

「この男の股間にあるのは何かしら。キンタマかしら。注意したいけど、〝キンタマが出てますわよ〟と注意するのもナニよね。でも、いくらなんでも電車の中でキンタマを出して気づかないなんてバカなことがあるかしら。キンタマのようにも見えるけど、稲荷寿司かもしれないわ。じゃあ毛が生えているのは何故かしら。カビかしら。カビの生えた稲荷寿司を股間から出しているのは、キンタマを出しているのと同じくらいヘンよね。もしかすると、キウイかもしれないわ。このキウイ、ブヨブヨしていて腐っているのかもしれない。早く食べた方がいいって教えてあげようかしら」などと、人々の心に幾万もの疑問を抱かせたに違いない。

数年前まで私は毎日のように自転車に乗っていて、その頃はよくキンタマを出して街を疾走していた。ペダルを漕ぐとどうしても短パンがズリ上がってしまい、信号待ちで自分の股間を見ると、サドルの上にチンコとキンタマが仲良く並んでいたりする。S君にしても私にしても、どうせ二度と会うことのない人々に見られただけだからまだいいが、そうはいかないキンタマもある。

S君が勤める会社は、ある企業の傘下にあり、毎年、沖縄の島に社員旅行に行く。関連会社の数百人もの人間が参加する大規模なもので、研修も兼ねているから、泳いでばかりはいられず、社員がグループ単位で呼び出され、社長直々の話を聞いたりもする。

ある女性の目撃談である。彼女を含め、五人くらいの女性社員が社長の部屋に呼び出された。

「うちの会社も創立×年、これからいよいよの発展を遂げようとしている。しかし、業界の競争は激しく、決して安閑とはしていられない。ついては、君たちも、より一層の努力を……」などといった固い話が始まった。と、何げなく社長の股間を見たら、短パンの横からキンタマが出ている。これ以降、社長が偉そうな話をすればするほどキンタマが目について、おかしくておかしくてまともに話が聞けなかったのだという。

これらのキンタマは、パンツをはいていたにもかかわらずハミ出たものだ。ノーパンが流行ると、ハミ出るキンタマはもっと増える。電車で股を広げて寝てしまって、陰唇までハミ出させる女性も出ることだろう。その場合、「マンコが出てますよ」と教えてあげるのもナニだから、私はじっくり見させていただく。ホントに気をつけてくださいね。

（94年8月記）

注1：この頃は本職店員、ライターは趣味だった。その後、店員では食えないことがわかって、再びライターを本職に戻した。

◆SM秘話

こんな話はどうだろう。ウンコしたら、ウンコが全然落ちないで、ケツから垂れ下がっている。手で触っても落ちない。仕方なくハサミで切ったら、血がドバーッと吹き出して病院に運ばれた。ウンコだと思っていたのは、脱腸だったのである。

いい話でしょ。これを実話だとして私は聞いたのだが、聞いてすぐに作り話だと判断した。いくら動揺したって、ウンコと腸を間違えるはずがなく、ウンコだと思い込んだとしても、ハサミで切ろうとは思うまい。だいたい便所にハサミなどあるはずもなく、ウンコをぶら下げたままでハサミを取りにトイレから出るだろうか。

ピアス用に開けた耳たぶの穴からヒモが出ている。なんだろうと思って引っ張ったら、パチンという音がして失明した。そのヒモは視神経だったのである。これも同じようなもんで、ウソだけど、面白い。

次の話である。最初にセックスした相手の女が脱肛だった。肛門から直腸がハミ出していて、それを見た男は「オレのと違う。オレの肛門はおかしい」と思い、鏡を見ながら、しばらく悩んだという。本人は真剣だが、マヌケで笑える。

これは関西のテレビ局に勤務するＴさんの実体験だ。他人の肛門を見る機会など滅多にないので、このような誤解が起きたわけだが、それにしてもだ。こちらは実話だからこそ面白い。そしてＴさんは、このような話の宝庫である。

Ｔさんと私が知り合ったのは、二年以上前のこと。ＳＭ雑誌に書いた私の原稿を見て、深夜番組でＳＭを取り上げるので出てくれないかとの電話があった。ＳＭ雑誌の原稿を見て仕事を依頼してくる人は相当に珍しい。もっと珍しいのは、Ｔさんは、それ以外の雑誌に書いている私の原稿を全然見たことがないらしいことだ。Ｔさんは、私をＳＭ専門のライターだと思っていたのである。

マスコミ関係者には、ＳＭ雑誌を読んでいる人がけっこういる。ＳＭ趣味があるということでは必ずしもなく、趣味がない人にとってもＳＭ雑誌は面白い。私のように、他ジャンルで書いている書き手も多いため、そういった原稿を読むためにＳＭ雑誌を買っている人もいる。

私は売れっ子ライターではないので、ＳＭ雑誌以外の原稿を読んでいなくてもおかしくはないが、ＳＭ誌に書いた原稿だけを見て、私をＳＭ専門のライターだと信じて疑わず、にもかかわらずテレビ出演を依頼するとは相当に珍しいのではないか。Ｔさんは変わった人だなあと思った。

私がゲストに出た番組はバラエティトーク風の作りなのに、取材がものすごく細かく丁寧で、Tさんの仕事の熱心さに感心した。SMがちょっとしたブームになって、テレビでSMを取り上げることが増えているが、相も変わらず女王様がお笑いタレントを縛ったり、ムチ打ったりするようなものが多い中、この番組は、「SMとは一体何なのか」を真摯に取り上げていて、その姿勢にも共感を覚えた。

その熱心さが視聴者にも伝わったのか、この回は記録的な視聴率だったという。

しばらくあとでTさんに会ったら、番組の取材で知ったSMクラブに出入りし始め、ヘソにピアスを入れたとも語っていた。会社の定期健診の時、ピアスがバレるんじゃないかと、パンツをヘソまで上げてドキドキしたと語るTさんは、以前より明らかに生き生きとしていた。

私もそうだが、ついつい好奇心が高まって、仕事の範囲を越えてしまうことがある。Tさんもそういうタイプなのだろうし、好奇心を満たすためにピアスまでやるとは、Tさんは偉い人だ。こういった人がたくさんいれば、テレビはもっともっと面白くなる。

さらにそのあと、伝説の女王、李楼蘭女王の引退パーティでTさんと会った。Tさんは、取材でもないのに、わざわざこのパーティに参加するために上京してきていた。それまで、Tさんは仕事熱心で好奇心旺盛な人だと思っていたのだが、この時、Tさんは本当にこの世界が好きなのだと私は知った。あの番組にTさんがあれほどの情熱を注ぎ、SMクラブに出入りし、ピアスを入れたのは、好きだからこそであった。

つまりTさんは、もともとＳＭに強い関心を抱いてＳＭ雑誌を読んでいたが、実践する勇気がなかった。そこに仕事という名目ができて、Tさんは仕事の範囲を越えて取材し、以来、Ｍ資質が爆発して、プライベートでも楽しむようになっていたのである。

その後は連絡をとってはいなかったが、先月、Tさんからハガキが送られてきた。「数々の不始末の結果、此度本社追放、東京支社勤務となりました」と印刷してある。もともとTさんは東京出身で、一族が皆、東大出身であることに反発して京大に進み、関西のテレビ局に就職した。実家は今でも東京だから、東京勤務は好都合ではあるんだが、制作現場から東京支社勤務（東京のキー局との折衝が主な仕事）とは、あからさまな左遷だ。Tさんに一体何があったんだろうか。

つい数日前、久しぶりにTさんに再会した。京都にあるＳＭサロンのパーティの取材に行ったら、Tさんも、このパーティのために、わざわざ東京から来ていたのだ。

ここでTさんに左遷の経緯を聞いた。私が出たＳＭの特集が高視聴率を獲得し、Tさんは図に乗ってしまった。「オレの趣味はマイナーじゃない。ＳＭは視聴率が取れるんだ」と信じ切ったTさんは、その後もＳＭを取り上げ、また私の入れ知恵もあって、関西のバンドを取り上げる音楽番組を作ったりした。

ところが、Tさんは何を考えてか、その音楽番組の中に、音楽とは関係なく、放尿シーンの映像を入れた。たまたまこれを社長が見ていて、それまでの暴走を苦々しく思っていた上部が問題視し、他の不始末を合わせてTさんを放逐したらしい。

「テレビで放尿シーンを放映したのはテレビ初じゃないか」とTさんは胸を張るが、何も音楽番組の中にまで趣味を入れ込まなくてもよろしい。

そのパーティには団鬼六先生も駆けつけていて、ステージでは縛り師の見事な公開調教があったり、一本鞭の連打によるM女性の絶叫が響きわたったりで、感激のあまり涙を流すマニアまでいた。ふと隣の席を見ると、名古屋から来ていた女王様の一群が、ステージとは全く関係なく、奴隷を全裸にしてロウソクを垂らし、陰毛を焼き、唾液を飲ませたりしていて、なかなかに楽しめた。

と、ちょっと目を離したスキに、Tさんは、ヘソのピアスに鎖をつけられて、店の女の子に店内を引きずり回されていた。その表情は、それまでよりさらに生き生きしていた。

ああ、京大出身のエリートがイヌのようになって……。

実話だからこそ面白いが、実話には悲哀も漂うものである。

（94年9月記）

追記：その後、Tさんは、比較的時間が自由になることをいいことに、東京のSMクラブ巡りを謳歌していたが、クラブプレイに飽き足らず、自分でSMサークルを主宰している。ここしばらく連絡をとっていないが、きっと楽しくやっていることだろう。

◆スカトロ犬

先日、初めて読者の皆さんから送られてきたハガキの現物を見せてもらった。ありがとうございますだ。

岩手のBさん（十九歳・男性）のハガキには「チンポ、マンコって書いてもよかったんですか？　チ○ポ、マ×コと書かなければならなかったのでは？」とある。

この言葉自体、法律で規制されていたわけでなく、一九七〇年代あたりから、書いている人は書いていた。何故か、書き手や編集者が自主規制してしまっていただけだ。今でも「チ○ポ」「マ×コ」と伏せ字にしてある雑誌もあるが（よりいやらしさを醸し出すためなのか、エロ雑誌の方が伏せ字にしてあるケースが多い印象がある）、最近はだいたいどこの出版社でもチンポ、マンコはOKさ。だってマンコの毛を出していいのに、「マンコ」と書けないなんてバカな話はあるまい。

しかし、ほんの数年前まで、原稿に「マンコ」と書くと、「これまでうちの雑誌で〝オマンコ〟〝マンコ〟が誌面に出たことはない。編集長と相談します」なんてことが実際にあった。

「編集長、松沢のヤツが〝マンコ〟と書いてきました」

「ウーム、〝マンコ〟と来たか。なんとか、〝オメコ〟にしてもらえないかと松沢に言ってみてくれないか」

「それはマズいですよ。僕は大阪出身なんやから」（と急に関西弁に）

「オレは青森出身だから、〝ヘッペ〟とか〝まんじゅ〟とさえ書かなければ、〝マンコ〟は別にいいべさ」

といった会話が交わされたのかどうか、結局は「マンコ」は掲載された。あれ以降、編集者が勝手に伏せ字にしていることが時々あるくらいで、「マンコ」が特に問題になったことはない。岩手にも早くマンコの解放が訪れるといいですね。

次のAさん（十七歳・女性）もまたなぜか岩手。岩手ではこの連載の読者が多いんだろうか。彼女のハガキには大変感激した。

「私のゲロもうんこも愛してくれて、この人のためなら何をやっても、どこを見せても大丈夫って人がいたらいいな。大金はたいてエステに行ったり、毛をそったりする必要はないだろう」

よくわかってらっしゃる。ウンコやゲロそのものを愛することはできなくとも、好きな男や女がセックスの最中にウンチやシッコをもらしたり、ゲロを吐いたりしても、そんなことで軽蔑したり嫌いになったりせず、後片付けくらいしてやることができなくて何が愛なものか。自分の恋人の前でゲロしてみると、自分をどの程度愛しているかを確かめられるってわけだ。

コンパとかでゲロした男がいたら、その時、女の子たちの動きを観察していると、その男とどの女とがデキているか、どの女がその男に気があるかなんてこともわかるだろう。自分に気がある女を確かめるために、あえてゲロするのもいいアイデアだ。誰ひとり後片付けしてくれなかったりしたら悲しいし、すげえ嫌いな女が介抱してくれて、またゲロ吐いたりするのも悲しいけどな。

次のハガキ。静岡のI君（十八歳）は、私のことを「変態」だと書いている。フッフッフッフッ、素人さんにはそう見えるかもしれないが、ちょっと違うんだな、その考えは。小便飲んだり、人がウンコするところを見たり、タンのプールを泳ぐことを妄想するなど、いろんなことをして、いろんなことを考える私だが、あくまで興味の対象として変態めいたことが好きなだけの常人なんだな。

変態さんは大変楽しそうで、時に羨ましいとも思ったりもするが、残念ながら私は変態行為を自ら楽しむことはできない。性的にはいたってありふれていて、あれやこれや寄り道してみたが、結局、やることは大多数の人と一緒で、ウンコもロープもロウソクも性行為には必要がない（注1）。また、数多くの女性としたいとの願望も薄く、ふと気づけば、ここ半年ばかり、一人の相手としかスケベしておらず（風俗は別。風俗は半分仕事ですから）、歳のせいでもあるんだろうが、別の女性としたいとの気持ちが全然わかない。

この私に比べれば、いろんな相手と次々とセックスやらかす、その辺の男や女の方がよっぽど変態かもしれない。

こんなにノーマルな私を変態と思うとは、まだまだ君らは甘い。人生勉強が足りなさすぎる。そんなことでは変態だらけの大人社会を無事渡っていくことはできまい。君らの人生に不安を感ずるので、今回は本物というのはどのくらいすごいものかをお教えしよう。

ＳＭの女王様にはメタル・ファン、パンク・ファンが少なくなく、バンドの追っかけをやっているのもいる。ミュージシャンと付き合っていると言われる女王様の噂も複数聞いている。さらには自分でバンドをやっているのもいるから、『ＢＵＲＲＮ！』とＳＭ雑誌を併読している女王様が少しはいるだろう。そういう人はご存じかもしれないが、私は『Ｓ＆Ｍスナイパー』で連載をしている。女王様とＭ男のプレイを見物し、そのあとでインタビューをする。これが大変楽しい。女王様はアクの強いお方が多くていらっしゃって、女王様の話も非常に楽しいが、奴隷の話がまた楽しい。だって本物の変態なんですもの。

先日取材したのはスカトロ犬さん（スカトロ犬というのはこの日の奴隷名で、本名ではない。当たり前）。この日のプレイは、アンリ女王様とサリー女王様の二人女王様で、この二人のプレイが抜群にカッコよかったため、スカトロ犬さんのことは『スナイパー』の誌面で書く余裕がなかった。そこで、このページでスカトロ犬さんの全貌を紹介する。

待合せ場所の喫茶店に来ていたスカトロ犬さんは、遠目に見ても、なにやら普通でない空気を漂わせていた。下はジーンズと安全靴、上は着古したYシャツと汚いネルのジャケットという いで立ち。明るい喫茶店に全然そぐわず、そのオドオドした態度がまた怪しい。話す時も俯き加減で、人の目を見ない。しかも、人の話をよく聞いていないのか、話していることが要領を得ない。Aを聞いているのに、答えは常にA'で返ってくる。どこか何かがズレているのだ。

あとで女王様が「Mが服着て座っているというカンジ」と初対面の印象を語っていたが、まさにその通りである。

スカトロ犬さんは四十六歳。中学卒業後、某大手企業に勤務していたが（大手企業のブルーカラーだったのだ）、不景気のためクビになった。その後、製造関係の工場でバイトしていたが、最近はこちらも仕事がなく、現在はほとんど無職。母親の年金と貯蓄で生活しているそうだ。

結婚歴はないが、性癖が問題となって結婚できないというわけではない。こう言っちゃ悪いが、私が女だったら、やっぱり結婚したくないタイプ。

「若い頃はノーマルですよ。スカトロに目覚めたのは三十歳を過ぎてからですね」

普通のスカトロ・マニアなら（「普通のスカトロ・マニア」という表現は形容矛盾のような

印象を受けるかもしれないが、言うまでもなく、スカトロ好きだからといって非常識で社会性がないわけではないのだから、「普通のスカトロ・マニア」だっているに決まっている)、ソープのおねえちゃんにでも頼み込んで脱糞するのを見せてもらったり、小便飲ませてもらうところだろうし、そういう話は時々聞く。しかし、さすがスカトロ犬さんは変態である。そういった作業をしたことがないままに、アダルトビデオに男優として応募し、顔面に小便をかけてもらったのだ。これが聖水初体験で、文字通り味をしめて、ビデオ会社や雑誌に次々応募、これまでに数本のビデオと雑誌に出演している。

「最初は飲尿だけだったけど、V&R（ウンコものを数多く出しているビデオメーカー）で初めて食糞した」

V&Rの『糞尿家族ロビンソン3』というビデオで犬さんは、わくわくおっちゃんという希有のスカトロ・マニアとウンコ競争をしている。食べられるウンコの量で競うこの戦いに敗れたスカトロ犬さんは今でも悔しそうだ。

「もうちょっと頑張れば勝てたかもしれない。また戦いたい。次は絶対に負けない」と決意を新たにするスカトロ犬さんである。変態さんは本当に負けず嫌いなのだ。

「ウンコが汚いというのは観念的なもの」と犬さんは言うが、小便と違って、大腸菌だらけの大便は実際汚いんじゃないのか。

「いや、大腸菌は体に悪くない。時間が経ってないものはむしろ健康にいい。だから直食い（「ちょくぐい」「じかぐい」のどっちの読み方もある。肛門に口をつけてそのまま食べる）が一番いい」

これはスカトロ・マニアがよく言う話で、体外に出て空気に触れた途端に、猛烈な勢いで菌が繁殖するのは本当の話。それにしたって大便には最初から大量の細菌が混じっているのだから、健康にいいわけはない。飲尿療法と混同してるのではなかろうか。そんなことをいちいち注意して、スカトロ犬さんの健康を心配してあげるほど野暮じゃないけれど。

「じゃあ、いくら食べても大丈夫？」

「たくさん食べると気持ち悪くなる。それに、二、三時間で腸が緩んでくる。わくわくおっちゃんもたくさんは食べられない。あの撮影の時も、あとで吐いてました」

やっぱり体に悪いんじゃねえのか。

そして、スカトロ犬さんは女王様の聖水欲しさで『スナイパー』の調教に応募してきたというわけだ。本格的Mプレイは初めてで、あまりに痛くて苦しくて怖くて本気で抵抗してしまったために、女王様の逆鱗に触れ、ケツの毛を剃られ、乳首に針をブリブリ刺され、キンタマをロウソクで固められてやんの。

針プレイは見慣れているが、アンリ女王様ったら、刺した針を「オラオラオラ」と言いながら、すごい勢いで乱暴に出し入れする。あんなの初めて見た。乳首から血をダラダラ吹き出しながら、それでも最後は聖水を浴びてスカトロ犬さんは幸せそうだった。

ボロボロになったスカトロ犬さんは「僕はSMマニアじゃないことがわかった」と感想を言っていた。犬さんはあくまで女性の糞尿が好きであり、自分の糞尿を女性に食べさせる趣味も、殴られたり蹴られたりしながら小水を飲む趣味もない。Mプレイの一環としてのスカトロもあるのだが、犬さんは、非常にピュアなウンコ好きである。

「もし好きな子が持って帰っていいというなら、家に持って帰って、しばらくニオイを嗅いで楽しむ」

私のウンコとすり替えておいたら、私のウンコのニオイをうっとりと嗅ぐんだろう。

スカトロ犬さんの好きなプレイは、女性が顔の上に跨がり、大小便を顔や口で受け止めることだ。股間を見ながら「今か、今か」と待つ瞬間がたまらないという。だったら、便槽にでも潜んで覗きをしたら、幸せの絶頂。

「便所の覗きをしてみたい？」

「男だったら、みんな、そうじゃないですか」

「みんなということはないですよ」

「でも、大半はそうじゃないですか」

まあいいや、面倒なんで、そういうことにしておこう。

今回は二人女王だったため、聖水プレイでは左右に女王様が立った。これがスカトロ犬さんは気に入らなかったらしく、「どうして跨がってくれなかったのかなあ」と、プレイのあとずっとボヤいていた。二人分見られていいではないかと思ったが、二カ所から放尿されるので、注意力が拡散して、どっちを見ていいのかわからなかったらしい。事実スカトロ犬さんは、その最中、こっち見て、あっち見て、こっちの小便を口で受け止め、そうするとこっちの小便が受け取れず、という状態。ここ何年間か、これほど神経を摩耗したことがなかったくらいの慌ただしさで、じっくり小便を味わうことはできなかった様子であった。

その点、以前体験したストリップショーはえらく気に入っている。希望者を募ってストリッパーが客の顔の上にしゃがみ、口に小便をしてくれる聖水ショーという出し物があり、スカトロ犬さんは一日中粘って四回もステージに上がってしまったそうだ。

「スカトロは、普通のセックスと違って、興奮があとあとまで続く。脳にこびりつくんですよ、ソープとかも興味はあるけど、ただ(精液を)出すだけは面白くない。セックスは単純だから、終わったあと冷めてしまう。あっけないですよね。でも、スカトロだと冷めない」

「その記憶でオナニーしたりする?」

「何日かはする」

「ソープに行っても、うちに帰ってからオナニーはしないと」

「しますね」

結局、どっちもオナニーするスカトロ犬さんである。

スカトロ犬さんは、本番マナ板（ステージでストリッパーが本番をしてくれる）も体験しており、そのくせソープはほとんど行ったことがないようで、自分でははっきり言わないが、セックスに金をかけるのが嫌いらしい（金がないだけか）。その点、ビデオや雑誌なら、安いとはいえギャラが出る。

「せめて月に一回、こういう仕事があればね。逆に言えば、毎日じゃイヤになるだろうけど」

どこが逆に言っているのかわからない。

スカトロ犬さんのように、人前でウンコを食うことを意に介さないマニアはそれほどいない。なのに、貴重な存在であるスカトロ犬さんが今まで出た雑誌やビデオは十に満たない。これはスカトロ犬さんのキャラクターの弱さ（ヘンな迫力はあるけども）、動きが悪くて鈍臭いところ、趣味の延長でしかなく男優としてのプロ意識が希薄なところなども影響しているんだろうが、スカトロ男優の需要はさほどないのだ。男が糞食っているところなんぞ見たくないもんねえ。

さて、気になるのはウンコの味だ。

「ただ苦いだけですね。いくらクチャクチャ噛んでも味は変わらない」

中にチョコの破片があったりすると、時折甘くなったりするんじゃないかとも思うが、苦み以外の味は一切感じないのだそうだ。甘さを抑えたビターな大人の味なのである。

「これは食った人にしかわからないでしょう」と胸を張るスカトロ犬さん。こんなことで威張られても。

ウンコには個人差がないという。だったら自分のものを食ってればよさそうだが、犬さんとて、どんなウンコでも好きになれるわけではない。あくまで性的な意味づけをされたウンコじゃなければならず、ゲイではない犬さんにとって、男のウンコはただのウンコだ。

「外人のは味やニオイが違うかもしれないから、一度外人のも食べてみたい。ラテン系はセックスに積極的でしょ。それがなおさらいい」

ラテン系はセックスに積極的というストレートな発想が、エロ本的な貧困さでスカトロ犬さんらしいところだ。

「ただ、外人のは病気が怖いからね」

ウンコ食っている人間がそんなことを心配しなくてよさそうなもんではある。

「人の好き嫌いというのとは別に、ウンコ自体の好き嫌いは?」

「下痢はダメですね。自然排便が一番いい。健康な人のウンコがいいですね。出ない時はしょうがないけど、できれば浣腸しない方がいいんです」

これはスカトロ・マニアは皆さん言うことで、中にはあえて軟便がいいというのもいるんだが、多数派は浣腸なしで、ぶっとい一本糞が出た時が最も嬉しいものらしい。

「これからまだまだやりますよ。スカトロの道を極めたい」と言うスカトロ犬さん。勝手に頑張って欲しいものだ。

ＳＭなら理解できなくもないんだが、ウンコ話が好きな私でさえ、ウンコで性的に興奮するのはよくわからないところがある。ＳＭを楽しめる人を羨ましいと思う気持ちはあるが、スカトロ・マニアを羨ましいとは全然思わない。スカトロ犬さんを見ていると、尚のことそうだ。

スカトロ犬さんはこんなことをポロッと口にした。

「最近の若い人は苦労してないから」

私は思わずプッと笑いそうになってしまった。ウンコを食っている人がこんなことを言うから笑いそうになったというよりも、スカトロ犬さんの情けないキャラクターがこんなことを言うから笑えてしまう。

スカトロ犬さん、ホント、憎めない人だ。

このようにスカトロは理解できない私だが、ウンコをなめたことはある。『ウンゲロ』を作る時に、ウンコもなめずにウンコの本を作るのはウンコに失礼かと思って、自分のウンコをちょっとだけなめておいた。不味かった。

私の変態は所詮この程度のものなので、誤解しないでいただきたい。

（95年3月記）

注1：ずっとずっと自分には変態性が薄いと思っていたが、その後、だんだんそうでもないことがわかってきた。詳しくは、二五一頁「ゲラー武田」を参照のこと。

◆田園調布のタン

本物の変態さんを取り上げたので、読者の皆さんの心の中には「あれに比べて、なんて松沢は変態じゃないんでしょう」と、春風のように爽やかな感慨が去来していることだろう。

私が如何にまともかをさらにわかっていただくために、今回も「私に比べればこいつは変態シリーズ」をお届けしよう。この私が絶句してしまうような体験談を読者から何通かいただいていて、今後、そういったものも取り上げる予定だが、とりわけ「おまえって一体……」と思わせる素晴らしいハガキがあった。

「松沢氏は痰を苦手としておられる由ですが、私は痰やハナクソの何がそうもいやなのかが判らない」

このハガキの主のOさん（♀）は自分の年齢を「不惑」（四十歳ね）と書いている。『BURRN!』は、なんと読者層が広いんでしょ。読者の併読誌を調べると、『めばえ』から『壮快』までありそうだ。

さすが人生経験豊富なだけあって、Oさんはしっかりタンを漢字で書いていらっしゃる（人生経験とあんまり関係ないか）。改めてよく見ると、「痰」という漢字って笑える。病垂れに炎。病気の『BURRN!』。

熱が三十九度くらいあって、点滴を打ち、体中に湿疹ができ、頬がげっそりこけているのに、「メガデスのコンサートに行かなくちゃ」とベッドから這い出し、医者に叱られているみたいなもんか。

「私も『BURRN!』を愛読しているから気持ちはわかるが、こんな時にコンサートに行って頭振ったら頭痛がするぞ」と老年の医者。

「いいんだ、ほっといてくれ。オレはメタルと心中するんだ、ゴホゴホ」と、その場にタンを出す。この時のタンには血が混じっていて、粘着度が高く、黄緑色してそうですね。

ここで、「うわ、汚い」と、思うのが普通の人だが、Oさんはこれを汚いと思わないのである。おかしいよ、Oさん。だってタンですよ、タン。

この連載の中では、『スカトロピア』のタンの話が最も不快だったという意見が多く、担当編集者の箭内さんは、読んで倒れそうになったという。編集部で倒れてゲロ吐いてくれれば、原稿のネタが一本増えたのに惜しかった。ついでに大小便まで漏らしてくれれば、さらに原稿がもう一本書けたのに。ほとんどの人にとってタンはそういうものなのだ。

しかし、Oさんのように、正面切って「何が」と聞いてくると困ってしまう。これを読んで「そういえばタンの何が」と私は五時間くらい考え込んでしまいましたよ。

もしかすると、Oさんは、自分のタンに限定して、このようなことを書いてきたのではなかろうか。だったらわかる。自分の屁のニオイにいとおしさを感じるのと同様、自分のタンなら私もある程度は許せる。メシを食っている時に、クシャミをしたらタンが出て、ちょうどメシの上に落ちたとする。取り除けるものならハシで取り除くが、シチューのようなものに落ちると、取り除くのは難しく、知らんぷりして、そのまま食うかもしれん。これぞまさしくタンシチュー。お粗末様。まだまだ続くのに、オチを言っている場合じゃない。

例えば、同じく自分のものだとしても、間違ってウンコがシチューの中に落ちたら、全部捨てる。ウンコは、ほとんどの人にとって、一生口の中に入らないものだ。ゲロはゲロする時にどうしたって口の中を通過するが、それとて非常事態に限る。それに比べて、タンは日常性が高い。セキをしたって出る。特に喫煙者は毎朝出たりする。今はともかく、かつての川崎や四日市の工場地帯では、タンの生産量が高かったろう。そうじゃなくても、風邪をひくと、タンくらい、どうしたって出る。吐くところがなくてティッシュもなくて、しばらく口の中に溜めておくこともあれば、「ま、いいか」とまた飲み込んだりもする。

しかし、これとて、あくまで自分のタンである。いくら美人でも、タンを吐くところがなくて困っている女性に、「よかったら、私の口に吐いてください」とは言えない。彼女

「じゃあお言葉に甘えて」と私の口にタンを吐いたとして、「ま、いいか」と飲み込んだりもしない。これが唾液ならできるようにも思うが、タンとなると断固話は別だ。

電車のシートに腰掛けていたら、目の前のオヤジがクシャミをして、その瞬間にタンが自分の顔にベットリとついたとする。これと自分のタンを同等に語るのは無理があるんじゃないか。

恐らくタンというのは、病気に直結するのがよくない。特に結核で人がバタバタ死んでいた時代には、結核菌が混じっている可能性が高い他人のタンを嫌悪しただろう。その点、自分のタンの場合は、結核菌に冒されていようといまいと、今更嫌悪しても始まらないが、他人のタンは極力避けたい。

肺病はほとんど聞かなくなったとは言え、今だって唾液で感染する病気はあるのだから、他人のタンを嫌悪するのは当然だ。

これに対しても反論があろう。口の中に残っていたタンを、キスした時に唾液とともに移動させることはきっとある。キスしていい相手という前提だが、この場合はあくまで他人のタンだ。タンが汚いなどと言っていたら、キスもできなくなる。

また、ウンコだって病気の感染はあり得るし、その意味ではタンの比じゃなくウンコの方が汚いと言い得る。老廃物と細菌の死体だらけのウンコに比べ、タンは唾液の親戚みたいなものでしかない（本当は全然違うけど）。ウーム、Oさんは正しいのか。

しかしだ、こういうもんは正しい、正しくないというもんではあるまい。女が一所懸命フェラチオしてくれている最中に、「ところで、君。つかぬことを聞くが、チンコをなめて汚くないか」と聞くのは、質問内容としては正しいが、人間として正しくない気がする。

Oさんは、さらにこう書く。

「ゲロやウンコのプールは御免ですし、蛆虫のわいた腐乱はらわたプールもご勘弁願いたく、蜘蛛や百足《ムカデ》や船虫のプールに至っては、考えただけでもアガってしまいそう」

アガるって生理がか（失礼）。

「うちの近くのキタナイ多摩川に飛び込んだら本当にアガると思う。痰のプールならば多摩川よりはマシ」

この人はカナヅチだそうだ。しかし、いくら多摩川が汚いとしても、多摩川よりタンのプールの方がマシというのはすごすぎないか。こんな人、東京都内に五、六人しかいないと思いますぜ。

マシどころか、Oさんはタンのことを好きであるようにも読める。こんなことまで書いているのだ。

「（タンは）ゲロやウンコやちん汁と違って不味くない」「いただくのにオツなものでこそあれ、中に漬かったり溺れたりするものではありませぬ故、カレーやビールやしる粉に漬かる気にならないという程度には、あまり気がすすまんというのも事実です。食べ物を粗末にするのはいけません」

カッ、ペッと手のひらに出したタンをOさんはなめてくれそうな勢いさえある。なめたら大嫌いになるけど。それにしても「不味くない」「オツ」って、あーた、ゲロやウンコやチン汁とタンを食べ比べたんか。女性なら、チン汁くらいは体験してるだろうし、男女問わずタンも常日頃味わっているとも言えるが。これを読んで、汚いオヤジのチン汁とタンと、どちらかをゴックンと飲まなければならなくなったら、どっちを選ぶだろうと、またも五時間くらい悩み、私もタンを選ぶような気がしてきたが、「オツ」とは思わんぞ。ね、Oさんて変態でしょ。驚いたことに、Oさんの住所は、かの田園調布である。ああ、タン好きのお嬢様。四十歳だけど。

（95年3月記）

◆ウジ虫ちゃんからの手紙

今回紹介のお手紙は昨年十月にいただいていたものなのですが、編集部が行方不明にしてしまい、私の手元に届いたのは今年の一月。それから今度は私が行方不明にしてしまい、掃除していた時に再発見したのが六月。ずいぶん時間が経ってしまいましたが、見つかって何よりです。オゲレツ話は腐らないので、少々遅れても問題なし、腐ったら腐ったでいよいよ熟成されて、かぐわしきニオイが漂うってもんです。

都内の消印がありますが、差出人は書かれていないので、ここでは「ウジ虫ちゃん」ということにしましょう。ウジ虫ちゃんの手紙は相当いいセンを行っております。文章も大変お上手なので、ほんのちょっと手を加えるに留め、ほとんどそのまま要約してご紹介しましょう。

「アナルは負けず嫌い」のウジ虫の話はとっても印象的でした。というのもウジ虫にはキョーレツな思い出があるんです。

あれは昔々、まだいたいけな中学生だった頃……。

私達の中学校は、私達が入学する二年前に新校舎が完成したため、教室もトイレも体育館も近代的な造りで、とってもきれいでした。

ある日の放課後、中庭で友達数人とたわいもない話をしていました。すると、友達の一人が急に「トイレに行きたい」と言い出しました。中庭はとても採光が良く、昼休みなどは生徒が大勢集まり、にぎわっていましたが、なぜか、日頃から、中庭にあるトイレに入る生徒はいなかったのです。別に深い意味はなかったと思うのですが……。

その時も、普段利用している教室の横にあるトイレに行こうかと思いましたが、わざわざ校舎に戻るのもメンドウです。そこで、何となく気乗りがしなかったのではありますが、中庭にあるトイレに行くことになりました。

別に何ということもない普通のトイレです。紙もちゃんとありマス。スイッチひとつで換気扇だって回りマス。すべて普通のトイレです。

洗面台の横に大きな青いふた付きのゴミバケツが置いてありました。これもよくある普通のゴミバケツです。ふたはぴったりと閉まっていました。

なにを思ってか、友達の一人がそのバケツのふたを開けてしまったのです。

ギャオーッ！　なぜ、なぜ、開けたんだぁ。

中にはかなり日数の経っていると思われる使用済みの生理用品がものすごい異臭をさせ

ていました。そして、生理用品の間を体長八センチ、太さ七ミリくらいの白いウジ虫が数匹もモゾモゾとうごめいていました。

私達はあわててふたを閉め直しました。見まちがいかもしれない、だいたい、あんな大きなウジ虫が存在するんだろうか。だって八ミリじゃなく、八センチですよ。

恐いもの見たさもあって、もう一度ふたを開けました。

ギャーッ！

確かにそこには巨大なウジ虫がいたのです。

あれ以来、私はブルボンのホワイトロリータが食べられなくなりました。あのときのウジ虫に大きさ、形、色がクリソツなんだものさ。ウゲ！

私は女性に嫌われたくないので、血とオリモノがベットリついたタンポンやナプキンについてこれまで触れませんでしたが、まんまとウジ虫ちゃんに書かれてしまいました。正直、私は悔しい。それにしても、よくできたお手紙ですね。先生はこんな生徒を持って幸せです。

ものすごい異臭をさせている生理用品と巨大ウジ虫のダブルパンチが見事に不快感を高めています。また、いくらきれいでも、学校の便所というのが、抜群の効果となっています。怪談話でも学校の便所は永遠の舞台ですよね。ここで深夜の学校となると、あまりにありふれていて、「またか」と興ざめしかねませんが、時間帯を昼に設定したところが著者のセンスのよさを窺わせます（自分で設定したわけじゃないんですけれど）。昼飯を食って腹がふくれ、ちょっとけだるい空気が漂う長閑な昼休み。午後の光が差し込む中庭のトイレ。そこで繰り広げられる恐怖の惨劇！　いやあ、素晴らしいですね。

　惜しむらくは、大きさ、形、色のみならず、味もホワイトロリータと同じかどうかを確かめなかった点でしょうか。歯で潰すと、プチッと潰れて甘みが口の中に広がったりしそうです。私もホワイトロリータはわりと好きですから、もし同じ味なら、今後はホワイトロリータを買わなくて済みます。

　それにつけても八センチのウジ虫が存在するのかどうかです。さっそく私は昆虫辞典を調べてみました。ハエの類いでそんなに大きいものはおりません。ハチの幼虫で四センチから五センチというのはいます。しかし、ハチが便所のバケツで産卵しないでしょう。

　子供の頃に住んでいた町を大人になってから訪れると、記憶よりずっと公園や道が狭く、家も学校も小さかったことに驚いたりします。子供の視点で見るのと大人の視点で見る感覚とはずいぶん違っているものです。しかし、ウジ虫ちゃんは、事件の当時、中学生だったということですから、それほどの違いは生じないでしょう。あまりに衝撃的だったために、記憶の中で増幅されてしまった可能性はありますが、よく考えてみると、しっかりフタが閉まっていたというのだから、ハエでもハチでも産卵するのは難しい。とすると、ウジ虫の類いじゃなく、オケツから出て来た回虫かサナダムシが生理用品にくっついていたのかもしれません。食べなくてよかったですね。

あるいは、生物部が育てていたカブトムシの幼虫だったんじゃないでしょうか。カブトムシの幼虫なら十センチ近くになるものがあります。適度な湿気と暗がりがカブトムシにちょうどよかったんですね。「どうせこの便所は使ってねえから、ここで育てよう」と生物部の小僧たちが飼育用のポリバケツを持ち込んだのであって、一見、生理用品に見えたのは、オガクズでは。

しかし、カブトムシの幼虫は猫背ですから、姿勢のいいホワイトロリータとは全然様子が違います。

となると、答えはひとつ、それは「タンポンおばけ」です。あまりに皆さんが生理用品を顧みないものだから、タンポンの恨みが形となってしまったんですね。妖怪博士の水木しげる先生に一度聞いてみましょう。

「私の知る限り、そういう報告はないが、タンポンがこれだけ消費される時代に、タンポンのおばけがでない方がおかしい。昔は針のおばけ、木綿のおばけなど、日用品には必ずおばけがいたもんだよ」なんて水木先生は言ってくれるに違いありません。

いち早く、全国的にタンポン供養をしないと、あちこちでタンポンおばけが発生して日本は大混乱に陥ります。

今後タンポンを使う時は「いつもお世話になってます、タンポンポン」と三回手を合わせてから挿入し、捨てる際は「ありがとうございました。今後もよろしく、タンポンポン」と三回頭を下げるようにしないと、膣の中でタンポンおばけになってモゾモゾうごめいたり、子宮の方に這い上がってきたりしますので気をつけてください。
完全に女性に嫌われましたかね、私。

（95年6月記）

◆アナル選手権

またも読者からのお便りだ。まずは愛媛県のBさん（二十歳）。

「〝アナルは負けず嫌い〟は笑わせていただきました。カテーテルをチン○に挿入する場面を何度も見たことのある看護学校生の私にとって、その時の状況がよくわかり、同情するばかりです」

だから伏せ字にしなくってもいいんだってば。でも、いいですねえ、看護学校生とは。血あり注射あり糞尿あり内臓あり死体ありマンコありチンコありカテーテルありで、普通の人なら不快になってしまうような話がさぞかしあることでしょう。この連載は皆さんのお手紙だけが頼りなので（一体いつからそうなったんだ）、今度詳しく教えてくださいね。

「〝アナルは負けず嫌い〟が最近元気がないように感じる」というのは名古屋市のOさん（十八歳）。残念でした。この連載のほとんどの原稿は一年から一年半前に書いて、まとめて編集部に渡してあるものなのだ。元気がないように見えたとしたら、一年以上前の私に元気がなかったか、Oさんが刺激に慣れてしまったためだろう。同じような意見は埼玉県のAさん（二十七歳）からも来ている。

「今月の〝アナルは負けず嫌い〟はつまらない！　もっと過激なのを求む」

今となっては連載早々「あんな連載やめろ」と抗議が来たことが懐かしい。まだ半年分ほど原稿のストックがあるのだが、ここはひとつ新作原稿を書いておく。

読者の皆さん同様、私もこの一年ばかりでいよいよ刺激に慣れてしまっている。

『SPA!』の連載で念願の生のハチの子を食った。プチッと潰れて甘い体液が口の中に広がる。ハチの子を好きな人にとっては生で食うのはゲテモノでもなんでもないのだが、世の中、ゲテモノ食いが流行らしく、ゴキブリ入りのキャンディまで売られている。あれはシャレであって食うもんじゃないのだろうが、キャンディの中のゴキブリは中国のもので、食用種と思われる。食べ物を粗末にするのが嫌いな私は中のゴキブリも食ってみた。ありゃいただけない。外殻や羽が硬くて口の粘膜が切れそうだし、体はパサパサで食うところがない。

『S&Mスナイパー』の連載「女王学・奴隷学」で、いろんな女王様と奴隷さんのSMプレイを見ているうち、SMにもすっかり慣れた。この間は女王様が傲慢な態度をとる奴隷に本気で怒ってしまい、奴隷のチンチンに入っているシリコン（真珠というヤッだ）を取り出そうとした。「お許しください」と叫ぶのを聞かず、女王様は「これから手術をします」と言って、普通のハサミでチンコの皮を切った。パチンと音がしてチンコ血まみれ。

深いところに埋まっていたためにシリコンを出すことはできず、アロンアルファで傷口をとめて手術おしまい。普通なら犯罪だが、どこまで行っても奴隷は奴隷、「苦しくてよかったね」と喜んであげるべきである。

なお、あとで医者に聞いたところによると、簡易に傷口を塞ぐ時にはアロンアルファがいいのだそうで、あの女王様の処置は正しいのだった。

チンコに針を刺してうつ伏せにさせ、ケツの上に女王様が乗って跳びはねるプレイも痛そうだった。そのために針を刺した穴が広がったらしく、奴隷さんが起き上がったら股間周辺血で真っ赤。

看護学校生ならわかってもらえると思うが、血への適応力が人間にはあるようで、慣れてしまうと、血自体に動揺することはなくなるものだ。

こんな私もさすがに驚いたイベントがあった。「アナル選手権」である。読者もすっかり忘れていることだろうが、この連載のタイトルは『S&Mスナイパー』の元編集長に聞いた話からとったものだ。マゾの人達は負けず嫌いが多いのだが、特にアナル・マニアはその傾向が強く、どんどんプレイがエスカレートしがちだ。そのうち、とても想像できないくらいのことまで出来るようになる。普通の人の肛門は最大直径三センチにも満たないウンコを出すのが関の山だが、アナル拡張マニアは日々肛門の拡張訓練をして、やがては直径五センチ、そして十センチくらいの物まで挿入できるようになる。人間、努力次第で何でもできるのだ、「人間の可能性は無限だ」と私はこの話から学び、連載のタイトルにしたのである。

そんなに負けず嫌いなら、一堂に会して肛門を競ってもらおうとの話から始まったのが「アナル選手権」で、九五年十二月十日、第一回の大会が都内某所で開かれた。応募のあった八名中四名が当日になって尻込み(笑)してしまい、結局四名(全員男)が参加。

前半は規定競技。第一回戦の「アナル綱引き」は肛門で紐を引っ張り合う。第二回戦の「アナル持久走」は浣腸をどれだけ我慢できるかの競争。第三回戦の「アナル玉入れ」は、茹でたウズラの卵五個を肛門に入れて、潰さずに何個産めるかを競う。

ここまででも十分楽しかったが、第二部の自由演技ではさらに高度な技が展開された。最初のアナラーは軽々と肛門に腕を挿入。アナル・フィストである。アナル・フィストを直訳すると「肛門的な腕」。まるっきり意味不明だが、要するにフィスト・ファックの肛門版、腕を肛門に挿入するのだ。

二人目は最年長の六十六歳で、プチトマト二十八個や茹で卵を挿入。さらにクスコ(肛門や膣の内診に使う拡張器)を入れて糸コンニャク流し込む。ここでクスコを外すと肛門から糸コンニャクが垂れ下がり、題して「白糸の滝」。老熟した見事な技で、思わず審査員席から拍手が起きた。

三番手はクスコを肛門に入れ、女王様が中に器具を入れてかきまわす。最後のアナラーも腕を挿入したのだが、最初のアナラーに負けるわけにはいかないと思ったんだろう、肘から五センチくらいのところまで挿入。さらにはもうひとりの手首までが入った。

いずれのアナラーも負けず劣らず素晴らしかった。第二回大会が今から楽しみだ（注1）。

Oさん、Aさん、満足していただけましたでしょうか。これでも刺激が足りないというのなら、君たちも他人にばかり刺激を求めていないで、来年は自ら大会に参加してみるといいと思う。

また、今後は「アナル選手権女子部門」「アナル選手権国際大会」「チンコ選手権」「マンコ選手権」などもやろうかなどと盛り上がっている次第、我こそはと思う方は参加していただきたい。

（95年12月記）

注1：その後、第二回アナル選手権も開かれた。第二回では、ゲイ雑誌『バディ』からの道場破りがあり、アナル杯は『バディ』に軽く奪われてしまった。いやもうすごかったんですよ、大技の連続で。果たしてSM界はアナル杯を奪還できるのか、第三回大会が待たれる。

◆ゲロと糞の香り

小田急線に乗ろうとしたら、そこだけやけにすいている車両がある。ラッキーと思って乗り込んだ。

ウッ、臭い。すえたニオイとでも言うんでしょうか、酸っぱいようなツンとするニオイである。なんだなんだと見回せば、ちょっと離れたところに浮浪者のオヤジが全所有物を抱えて立っていることに気づいた。明らかにニオイの発生源は彼だ。このニオイはこれまでにも同種の人々から何度も嗅いでいるから間違いない。

古本の即売会に私は頻繁に行くのだが、高円寺にある西部古書会館での即売会でも時折このニオイを嗅ぐことができる。二メートル四方にこの臭いを撒き散らしているオヤジがいるのだ。別段浮浪者といった風でもなく、だいたい浮浪者が古本を買うとも思えない。恐らく古本代のために風呂代や服代までも節約している古本マニアの成れの果てではなかろうか。

あのニオイは汗と垢と糞尿をブレンドして熟成したもので、便所のニオイとはまた違い、一週間やそこら風呂に入らず、下着を替えなくても、素人さんではあのニオイを出すことは難しい。どんな臭いかわからない人は一度浮浪者に近づいて、「ちょっと失礼」と言って嗅がせてもらいなさい。強烈なので、フラスコの先で手をパタパタさせるようにした方がよろしい。

さて、小田急線のオヤジのすごいのは、ドア二つ分離れている私でもはっきりとニオイを嗅げ、それだけ離れていても、気持ち悪くなるくらい強烈なニオイだったことだ。すぐ横に立っていたなら、目がチカチカするんじゃなかろうか。

でも、こういう時の人間の反応を観察するのが無茶苦茶好きだから、鼻から息をしないようにして、その場にい続けた。オヤジの周辺五メートル四方は人が誰一人おらず、十メートルは優に離れているにもかかわらず、私のすぐ近くに座っていたオバサンはずっと鼻を押さえている。ホントにそのくらい臭い。でも、私じゃないんだから、そんなに臭ければ何も乗り続けることはなく、車両を移ればいいものを、オバサンは一度確保した席を手放したくなかったんだろう。オバサンというのはそういうもんである。

もちろん駅に停まる度に車両を乗り換える人もたくさんいて、結果この車両全体がガラガラなのだ。乗り込んできた人はすぐにニオイに気づき、車両を見渡してニオイの発生源を間もなく発見して眉をひそめる。この過程を見ているのが楽しくてさ。

オヤジは代々木上原で降りてしまい、車内はホッとした空気に包まれた。暇だったらオヤジのあとをずっとつけて、あのニオイで人々が次々反応する様を観察し続けるところだが、新宿で打合せがあったため、そのまま私は小田急に乗っていた。

しかし、オヤジのニオイは尋常でなく、私もようやっと鼻での息を再開したところ、発生源が消えたにもかかわらず車内にニオイが充満し続けているんですよ。ここからがまた面白かった。というのは、これ以降、乗り込んできた客はニオイの発生源を発見することができないのだ。辺りを見渡しても全然理由がわからないまま困惑し続ける。わざわざ事情を教えてあげるほどのもんでもなく、私は非常に楽しい時を過ごすことができた。電車の中で、なんか臭せえんだが、原因がわからないことがあるが、このようなことだったんですね。

ニオイというのは、不快感の中でも相当高い位置にある。

不思議なことに、何かのきっかけでニオイが甦ることがある。今もこれを書いていて、一瞬オヤジのニオイが甦った。嗅覚を司る脳は記憶の脳と密接に結び付いているからそういうことが起きる。でも実は一カ月ほど前のあるオヤジのニオイが今でも私の体に染み込んでいたりして。ニオイというのは染み付くからいよいよ恐ろしい。

昨年（九四年）暮れに「三代目葵マリー襲名披露パーティ」というものがあった。葵マリーというのはSMの世界ではちょっと知られた名前で、歌舞伎で言えば尾上菊五郎、手品で言えば引田天功みたいなもんである。

三代目葵マリーのビデオを見ると、「あーら、おまえのクリトリス（チンコのこと）こんなに大きくなって。オマンコ（肛門のこと）もビチョビチョよ」といった言葉責めが得意なようで、かの南智子先生（私や水道橋博士が師匠と仰いでいる人物）の芸風にも近い。ビデオで見る限り、個人的にしてもらうのはいいとして、見せるプレイとしてはあまり期待はできず、事実パーティで繰り広げられたショーは、SMじゃなく、実質スカトロショーだった。しかし、彼女は彼女で客を楽しませようと考えたんだろう、ステージでM女に浣腸してブチブチ脱糞させ、ウンコを顔に塗りまくり、果ては食糞までやらせ、女の子をズラリと並べ、全員に浣腸して一挙に放出なんてダイナミックな出し物もあった（こちらはほとんどお笑いだったけど）。

ウンコ話が大好きでも、性的な意味でのスカトロ趣味は全然なく、ウンコでチンコは立たない私だが、慣れ切ってはいるので、ウンコ食うところを見てもさほど驚きはしない。ただ、ウンコって臭いじゃないですか。当たり前だけど。会場いっぱいにクソのニオイが充満して辟易し、「人前でウンコしてもいいけど、人前で臭いウンコをやるなよ」と私はポツリと呟いた。肉食は糞が臭くなるので、プロに徹している人はニオイがしないように菜食主義だったりする。臭いクソをしているようじゃ、あの女たちはまだまだだな。

このイベントには、先輩風俗ライターのいその・えいたろう氏と行ったのだが、ふと気づけば、いそのさんがいない。いそのさん、ウンコの臭いに耐え兼ねて、とっとと帰ってしまったらしい。いそのさん、ウンコは嫌いか。

そのパーティでは招待者に弁当が配られたのだが、これは食えなかった。クソの話をしながらメシは食えるが、クソのニオイを嗅ぎながらメシは食えねえ。でも、しっかり弁当を食っている人たちが何人もいて、「オレはまだまだだな」と反省した。

パーティのあと家に帰ってコートを脱いだら、一瞬クソのニオイがした。脳の中で甦ったのでなく、本当に体にこびりついていたらしく、コートを着たために家まで温存されてしまったんだろう。もしかすっと浮浪者のオヤジと同様に、帰りの電車の中でもニオイを撒き散らしていたかもしれない。「くそー、わかっていたなら、乗客の様子を観察できたのに」と悔しがりながら、持って帰った弁当を食った。

（95年12月記）

◆天使の活躍

どこかの雑誌から切り抜いた、堕胎処理された胎児の写真を送ってきた読者がいる。それはいいとして、これを送ってきた男が書いてきた手紙を読むと彼は女総体をひどく憎んでいることがわかる。

こういう根拠なき女性への憎悪を抱いている人は、自信のなさやコンプレックスの裏返しで女を憎悪しているものだ。強姦魔というのはだいたいがこれである。自信のなさやコンプレックスを暴力的に乗り越えて、表面的に安心するわけですね。

この辺のメカニズムは心理学の世界ですでに分析されているので、そういった本を一度しっかり調べてみて、憎悪の原因は女性の中にあるのでなく、自分の中の弱さにあることを認めた方がいい。さもなければ、どこまで行っても自信は得られず、コンプレックスは解消されず、当然、女にはモテない。こうして、いよいよ自信を喪失し、コンプレックスはねじれる。いくら女性を憎悪したって本質的な解決にはなり得ないのだ。

彼は私が共感してくれると思ったようだが、残念でした。私は女性が大好きなんですね。

女にモテないし、コンプレックスがないわけでもないのに、私はどういうもんだか、コンプレックスやら弱さやらが錯綜しておらず、女性総体に憎しみなんぞを感ずることはほとんどなく（まったくないわけでもないだろうけど）、素直に女性が好きなんですよ。

SMにしても、女が男をいたぶっているところを見る方がうんと好きで（M性が強いせいでもあるんだろうが）、逆はいたたまれない。それでも女性が望んでいるのなら、とやかく言うこっちゃなく、場合によっては祝福したくもなる。互いの合意である限りは、どんな反社会的な性行為をしてようが本人の勝手であって、プレイとしてのSMは何の問題もない。強姦ごっこも、強姦を妄想してオナニーするのもいいんだが、本当の強姦やらセクハラはいかんのだ。

ポルノにしても、強制してはいけない。チャイルド・ポルノがいけないのは、自分の判断などできない年齢であることが問題であり、ポルノ自体がいけないわけではない。大の大人が好き好んで裸になって金をもらうのはいい。大変いい。

売春もまったく同じ。東南アジアの女性を騙して連れてきて、パスポートを取り上げ、軟禁状態にして売春を強要するのはけしからん。正当なギャラを支払わないのもけしからん。こんなことをするヤツらは即刻逮捕して無期懲役にしてもかまわん。しかし、自ら望んでセックスして金をもらうことを他人がとやかく言うべきではない。昔から、「どこがいけないのよ。誰にも迷惑かけてないじゃん」と開き直る売春女子高生がいるが、私は彼女らに賛成である。

この意味では、自殺さえも私は否定できないところがある。納得して死ぬのなら、それもまたよしではないだろうか。ただし、ビルから飛び降りて、通行人を巻き添いにするのは許せない。死ぬなら富士の樹海にでも行って、誰にも迷惑かけずに死んでいけばいい。電車の飛び込みなんてめっそうもない。死ぬのは勝手だが、どうしてそのために何百、何千もの人が遅刻しなければいけないのか。命より重いものはないなんていうが、そんなこたぁないだろう。死にたい人間の命より、何百、何千の人が遅刻しない方が大事だと私は思う。電車に飛び込んで万が一助かったとしても、こんなヤツは死刑にするとよろしい。

また、数百万円もの賠償金を鉄道会社に支払わなければならない家族がかわいそう。電車に飛び込んだヤツの死体は、そのまま放置して見せしめにする。ウジがたかってグチャグチャになった死体が朽ち果てるまで、氏名や生前の写真を死体の横に掲示してさらし者にするのだ。その前に寄付金の箱を置き、その金は遺族に渡す。

これと同じ意味で、殺人さえも私は否定できないところがある。相手が「殺して欲しい」と望めば、殺したっていいんじゃなかろうか。いわば安楽死がこれに該当し、意識があるうちに安楽死を選択した証明がありさえすれば、安楽死は認められていいと思う。

戦争をしたくてしたくてしょうがない人というのがいるもので、そういうヤツらのせいで戦争なんぞしたくない人まで巻き添いにされるのはたまったもんじゃない。そこで、戦争好きな人たちのために、国連が人の住んでいない砂漠地帯かツンドラ地帯に戦争許可区域を設定し、世界中の戦争好きなヤツらが、そこで合法的に戦争をやればいい。ここでは死ぬも殺すもすべて自由。どんな犯罪も自由。勝手にすればよろしい。もちろん核兵器や生物兵器など、戦争許可地域外に悪影響を及ぼすものは使用不可で、武器は武器メーカーがサンプルを無料提供する。各国、犯罪者をここに送り込む利用法もある。死刑囚でも、ここで三年生き延びることができれば免罪にするとか。

セックスに限らず、一方が嫌がっていることを無理やりしてはいかんし、他人の迷惑になることをしてはいかん。これぞ、この社会の最大かつ最終のルールではなかろうか。当たり前のことだと思うんだが、これがわかっていないのが少なくない。

先週、こんなことがあった。夜、道を歩いていたら、数メートル先をロック兄ちゃん、姉ちゃん風の二人連れが歩いている。彼らはコンビニで買ったばかりのソフトクリームを手にしている。間もなく彼らはコンビニの袋とソフトクリームのプラスチック容器を何のためらいもなく道の植え込みにポイと捨てた。

派手な格好をしようが、耳や乳首にピアスしようが、わけのわからん音楽を聞こうが勝手である。あるいは彼らが、ウンコまみれのセックスをしようが、彼女の肛門にチンコを入れようが、百時間連続のセックスをしようが、やっぱり勝手だ。ブラックサバスに心酔するあまり、黒魔術にハマって、山羊の血を滴らせる儀式をし、自分らの腹をかっさいて臓物を悪魔への供物として死んだところで、私は特に反対はしない。好きにすればいい。でも、ゴミを道に捨ててはいかんだろ。

江戸時代の日本は実に道がきれいであった。私が見てきたわけじゃなく、日本に来た宣教師らが驚嘆とともに記述しているのである。その一方で、チンマン丸だしの浮世絵、大奥でも使われた張り形、性器崇拝、流行の先端になった吉原などなど、日本の性文化は特異な発展を遂げた。

家の中でチンマンの浮世絵を見るのは勝手、しかし公共の場でゴミは捨てない。このような在り方が私は理想だと思っている（もちろん身分制度を始めとして不自由で理不尽な部分も多々あり、江戸時代のすべてを肯定する気はない）。

ヘヴィースモーカーだから、あまり偉そうなことは言えないんだけども、外であっても私は極力灰皿のある場所で吸う。駅のホームの端っこにしか喫煙コーナーがないことが増えていて、その場合は面倒でも喫煙コーナーに行き、それが面倒な時は我慢する。道で吸うこともよくあるが、火のついている部分を指で落とし、それ以外はポケットに入れ、あとで灰皿に捨てる。私のポケット、吸い殻だらけですよ。煙草自体はもともと植物であるから、やがて土に返ってくれようが、土に戻らぬフィルターは捨てないようにしているわけだ。

外で缶ジュースの類いを飲んだ時も、缶をその辺に捨てるような真似は決してしない。

ゴミ箱が見つからず、バッグやポケットに空き缶を入れたまま、家まで持ち帰ることになることもしばしば。おかげで残っていた中身がこぼれてポケットやバッグの中が汚れてしまいがちだが、自分が飲んだもののために、他人の家の前や他人の自転車のカゴを汚すことに比べればまだましである。

こんな私にとって、自分の快楽のためだけに食ったソフトクリームの容器を平然と捨てることは許せない。仮に彼らと私がどんなに音楽の趣味が一致しようとも、仮にどんなに彼らがいいヤツだったとしてもだ。

ムカムカした私は道を引き返して、その容器を拾い上げて、彼らのあとをつけた。五分ほど歩いて、彼らは小ぎれいなアパートに消えた。見つからないように少し離れて歩いていたので、部屋に入るところまでは目撃できなかったが、部屋の電気がついたことで彼らの部屋は確認できた。表札を見たら、男の名前が書いてある。

そこで私は、拾ってきた容器の中に「ゴミを捨てるな。神様はなんでもお見通しである。神様より」と書いて、アパートの入り口の郵便受けに入れておいた。私は神様の代理の天使さんみたいな役割かな。

こんなことをしなくても、直接注意すればいいんだが、あいつらったら怖そうだったんですもの。それに、私のようなオヤジに注意されるより、神様に注意された方が効果があるじゃないですか。彼らがブラックサバス・ファンだとしたって。

見た目からすると、彼らはメタル系じゃなさそうなので、『ＢＵＲＲＮ！』は読んでおらんだろうが、皆さんも、道でゴミを捨てると神様に目撃されてバチが当たるかもしれないので、気をつけていただきたい。

（96年5月記）

◆ウンコの知恵

三和出版が出している『お尻倶楽部』という雑誌がある。美しい女たちがケツの穴を満開にしてウンコする写真満載のスカトロ雑誌である。類似誌が何誌も出ているが、内容では他の追随を許さず、マニアの高い信頼を得ている。

この雑誌のCD-ROM用の撮影現場に立ち合う機会があり、モデルにウンコを食わされそうになって困ってしまいました。ウンコ食わせようとする彼女も怖かったが、一瞬「食ってもいいかな」と思った自分も怖かった。

この雑誌には内山という女性編集者がいて、ウンチ内山という愛称で親しまれている。こいつがまたヘンな女でね。自分ではウンコをしたりしないが（ウンコはするが、人前ではしないという意味）、エロ本の中でも変態度の強いスカトロ雑誌の編集やっているくらいだから、ヘンでないわけがない。

「私も時々考えちゃいますよ。このクソ女と罵倒されても返す言葉がない。このままじゃ、私の二十代、クソまみれってことですよ。人に、こんな雑誌を作っている話をすると、白い目で見られるし。誤解しないで欲しいですよね」

誤解じゃないっす。事実、内山はウンコ雑誌を作っているのである。

さて、今回は、内山から聞いた、ちょっといい話を紹介することにする。皆さんのお役に立てたら幸いである。

この世界で注目されるウンコ・マニアのサークルがある。ここの代表者はまだ二十八歳なのだが、なかなかのやり手だ。エロ本屋でウンコ系の雑誌をじっくり見たり、買い求めたりする客を見つけると、店を出たところで声をかける。

「素人さんのウンコが入手できるんだが、仲間になりませんか」

SM嬢やソープ嬢によっては、いくらか金を出せばウンコを売ってくれる。しかし、そのようなプロのウンコじゃ飽き足りない人は、この話に飛びつくことになる。

ここでは正真正銘の素人学生、素人OLの大小便を合わせて四万円で入手できる。実はどこかのオヤジが出したものだった、なんて失敗は絶対にない。参加者はウンコの製造者を確認することまでできるのだ。素晴らしいではないか（って、私までが興奮しなくともよろしい）。ウンコを入手したいと思わない私にとっては、正真正銘であろうとなかろうと、ウンコを十円で買う気さえしないが、マニアさんにとっては四万円でも入手したいものなのだろうし、誰のウンコかが重要になる。

ここでよーく考えてみると、マリリン・モンローのウンコだったら、四万円でも買う人は山盛りいる。性的な興奮はないにしても、マリリン・モンローのウンコなら、私も嗅いでみたい気はする。その時に、正真正銘のマリリン・モンローのウンコかどうかは非常に重要だ。これと同じようなもんだと思えばわかりやすい。

では、一体どうやってウンコを入手するのか。内山と私が想像で穴埋めした部分が含まれていることをお断りして、その見事な方法をご紹介しよう。

このサークルの代表者自身がマニアであり、彼は自分自身の趣味もあって、非常に巧妙な方法を考え出した。彼は道を歩いていて、「この子のウンコが欲しい」と目をつけると、つかつかと近づいて声をかける。

「もしもし娘さん。私はこのようなものですが」と名刺を出す。名刺には「武蔵野微生物研究所」といった名称が入っている。

「当方は、若い女性の排泄物を分析し、食生活や体内細菌を調べる研究をやっている者です。いえいえ、怪しい者ではありません。様々な一流企業の依頼を受けての研究なんです。現代日本では腸内細菌の内容に大きな変化が起きてきており、これによって食品メーカーや化粧品メーカーも製品の成分を変えたりしているんですよ。知らなかったでしょ」

案外、ここの会員さんには一流企業の社員がいたりもして、「一流企業の依頼」というのはウソというわけではない。

「そこで、我々は研究データを提供してくださる若い女性を探しているんです。しっかり企業から研究費が出ておりますから、タダとは言いません。研究協力費を四万円差し上げます。もちろん、あなたの身元がバレるようなことはございません。お嬢さん、ちょっとしたバイトと思って、あなたのウンコとオシッコを世のため人のため、科学研究のために提供していただけませんか」

このようにして、彼は四万円でウンコとシッコをせしめるのである。女の子としては、世のため人のためになって、しかも四万円ももらえるのだから、文句はない。

実際にどこで採取するのかわからないのだが、ウンコとシッコの容器を渡しておき、それにたっぷり詰めてきてもらうか、それらしき部屋を借りて研究所の看板を出し、そこに連れてきて、ウンコしてもらうんだろう。

このシステムが非常によくできているのは、さらにこのあとである。この「調査」は二回にわたってウンコとシッコを提供しなければならないことになっている。

「二回分の便を調べることで初めて腸内細菌を正確に把握できるんです」とかなんとか言うに違いない。

二回目に、四万円を提供した会員が同僚の研究員としてやってきて、彼女の姿を直接見ることができる。製造者をここで確認できるのだから、これほど確実なことはない。金はここで渡すため、一度ウンコしていれば、連絡先を確認せずとも、彼女は確実にやってくる。住所、氏名、電話番号までを教えなければならないと彼女も警戒するだろうが、そうじゃなければ金に目がくらむってもんだ。

因に一回目のウンコとシッコはどうするかだが、このサークルの代表者が独り占めする。サークルの代表者はこれで金を儲けるのでなく、タダでウンコとシッコをせしめるメリットで、この「慈善事業」をやっているのだ。代表者も会員も女の子も八方丸儲けみたいな話である。よくできてますでしょ。

素人女性のウンコを入手することは限りなく難しい。昔は、女子便所の便槽に入り込むなんてえのがいたが（今もいる）、こりゃ完全に犯罪である上に、製造者の顔をはっきり確認することが難しい。この不完全で危険な方法さえ、汲み取り式がほとんどなくなってしまった今の時代にはできにくい。街で声をかけて、「四万円でウンコをくれませんか」と単刀直入にお願いしたところで、百人中百人までが逃げ出す。

この代表者も、なんとか入手しようとして、あれこれやってみたに違いない。その結果残ったのが、この方法である。「東大医学部のものですが」「慶應病院のものですが」なんて言うと詐称になってしまうが、なんとか研究所と名乗る分には法律にもひっかからず、仮に女の子が、どうもヘンだな、と思ったところで、まず訴え出るなんてことはあるまい。訴えたところでひっかかる法律などないんじゃないか。世のため人のためというのは、あながちウソでもないんだし。

法律には触れないにしても、ウソをついているには違いなく、それがわかったら、女の子たちはさぞかし怒るだろうともウンチ内山は言うが、そうでもないんじゃないか。女の子の方がずっとしたたかで、研究員がウンコやシッコのニオイを嗅いだり、飲んだりなめたり食ったり、体になすりつけたり、精液かけたりすることがわかったとしてさえ、四万円でウンコを提供するのはいくらでもいるように思える。たったの千円二千円で汚れたパンツを提供し、使用済みタンポンまで売るのがいくらでもいる時代なんだから。

だったらいっそ、大々的にウンコ募集をしてもよさそうだが、そういう募集を見てウンコを売りにくるような女のウンコでは面白味がなく、そんなことをしそうにない製造者のウンコを本人の知らないところで愛でる感覚が、より強い興奮を喚起するのだろう。

この話を聞いて、マニアさんの懸命さと創意工夫に、心打たれるものがあった。しかし、こんなことで、こんなに労力を使うなら、もっと別のことで使った方がよく、このシステムだって、もっともっと有意義な使用法があるんじゃなかろうかと、ウンコ・マニアではない私は思うのだった。

「私はセックス研究所の者だが、セックス研究のためにチンコを入れさせてもらえませんか」というのはどうか。ダメか。それに全然有意義じゃない。

（96年5月記）

追記：この原稿は未掲載だったと思う。

◆エロと社会性

電車の中で「オマンコ」という言葉を連発している若い男たちがいた。話の内容からして、彼らはアニメおたくらしく、裏もののゲームの話をしているようだ。

彼らの会話を聞いて、私はたいそう不快になった。おたくであることが不快なのでなく、また、「オマンコ」という言葉自体が不快なのでなく、場所をわきまえないヤツらの無神経さが不快だったのだ。さすが社会性ゼロのおたくだけのことはある。

なんて言うと、「おまえも雑誌を選ばずにオマンコと書くではないか」と怒られそうだ。読みたくない人は読まなくても済む原稿では確かに気を使わないが、意外と私は社会性があって、「オマンコ」という言葉を口に出す場合は、場所や相手を選ぶ。

時々、喫茶店で打ち合わせをしていても、平気で「オマンコ」「チンポ」と、でかい声で口にする編集者がいて、この私が注意することがある。青土社が出しているマインド・サイエンスの総合誌『イマーゴ』の杉浦氏だけど（注1）。

あるいは、エロ資料を平然と喫茶店のテーブルの上に広げる人もいる。先日も、こんなことがあった。ある週刊誌の記者が取材にやってきて、近所の喫茶店で資料用のエロ雑誌を渡したのだが、他の客がいるのにモロの裏本を堂々喫茶店で広げて見やがる。何もここで広げなくても話は進められるのにさ。

初対面なので、注意するのも気が引けたが、全然やめようとしないので、我慢できずに「こういうものはおおっぴらに出すべきものじゃないですから」と注意した。売らない限り、裏本を持っていることは違法じゃないが、あんなもんを人目につくところで広げるのはパクられるに足る行為だし、そうじゃなくても不快になる人がいるだろうに、まったく無神経なんだから（注2）。

どうしてこうも、エロ本以外のメディアの人ってデリカシーがないんかな。マニア誌の編集者は他者の視線を比較的気にする人が多い。ＳＭやらスカトロといった性癖を知られることによって社会的にデメリットを受けることを熟知しているため、電話では雑誌名を言わず、出版社名で名乗るなどの神経を使っているものだ。特に、ゲイ雑誌のように編集者自身がゲイである場合は、そのデメリットを身をもって自覚しているため、いよいよ神経を使う。

しかし、一般誌のエロ担当は「オレはマスコミの人間だ」みたいな腐れたプライドが拍車をかけてか、無神経な人間が多いのだ。デリカシーがないと自覚している私でも、人前で見せていいものといけないものとの区別くらいつく。人間、最低限の常識をなくしちゃまずいだろ。

でも、エロ仕事を頻繁にやっていると、どうしても感覚が狂うところがあるんですよ。

エロ本やAVなどエロ業界の人間は、新宿のいくつかの喫茶店を待ち合わせや打ち合わせの場所に使っていて、そのひとつに中○屋一階の喫茶店がある（同じビルの地下にある喫茶店もよく使う）。新宿駅東口からすぐ近くの便利な場所にあり、新宿通りに面したガラス張りの明るい喫茶店で、年配の人から若い娘さんまで広い層が利用している。

午前中とか昼時に行くと、いかにもという場違いな人達が撮影前に談笑していたり、人待ちしていたりするので、観察してみるとよろしい。『S&Mスナイパー』でやっている私の連載でも、女王様と奴隷志願の読者との待ち合わせでこの店を使っていて、もちろん我々も場違いである。

この六月（九六年）から、この喫茶店に、こんな貼り紙が出されるようになった。

「当店内において下記の行為を固くお断り致します。●携帯電話の使用●商取引行為●席の移動」

会員券や英会話テープ、羽根布団など、街頭で声をかけるインチキ勧誘商売を締め出すためかと思って、『S&Mスナイパー』編集部のHにそう言ったら、「そうじゃなくて、エロ関係者対策だろう」と言う。

よく見ると、その下に「公序良俗に反する方は退店していただきます」とも書いてあり、どうやらHの意見は正しいようでもある。

確かに女王様もAVギャルもエロモデルも編集者もAVスタッフもよく携帯電話を使う。こういう待ち合わせでは初対面が多く、素っぴんだとモデルの顔がわからなかったりするため、スタッフとモデルが別々の席に一旦座り、店内で携帯電話を使って相手を探す。やたら「エロモデルの方ですか」と声をかけるわけにもいかず、「××女王様」「奴隷の××様」「『S&Mスナイパー』のH様」などと呼び出ししてもらうわけにもいかないしさ。Hは別の喫茶店でこう呼び出されたことがあって、店内の視線をすべて集めたらしいが。『S&Mスナイパー』の待ち合わせでは、携帯電話を使ったり、「ミリオン出版の者ですが、本日の撮影の方ですか」などと遠回しに声をかけたりしながら、女王様や奴隷さんを探し出し、相手が見つかると、席の移動をしている。この点でも、貼り紙の項目に当てはまる。

『S&Mスナイパー』では、ここで金のやりとりをすることはないが、B級モデルを使っているエロ本では、モデルを引き渡して、マネージャーは帰ってしまうことがある。何人もモデルを抱えているため、いちいち現場に立ち会っていられないのだ。その場合は、待ち合わせ場所で編集者はマネージャーにギャラを渡す。「商取引行為」というのはこれを指しているんだろう。

Hによれば、他の喫茶店でもエロ関係者お断りのところがあるそうだ。インチキ勧誘は、これ自体違法行為だったりもするのだから、追い出すのは当然として、店内でエロい行為するわけじゃなく、エロ関係者まで追い出さなくてもいい気がしないでもない。

しかし、エロ関係者の中には、感覚が完全に狂っていて、マンコ丸出しのポラロイド写真をテーブルの上に広げたり、エロ本やビデオパッケージを並べたりするのがいるんですよ。それと、「マンコ」「チンコ」を会話の端々に入れ込むんですね。さらに、AVギャルやモデルを探すために、やたらと声をかけるのもいる。上に書いたように、『S&Mスナイパー』の場合は、「ミリオン出版のものですが」といったように、露骨にSM関係であることをわからないようにしているが、中には「本日ヌード撮影の方ですか」といったように、遠慮のない聞き方をするヤツもいるんだろう。

いくらケバい女でも、こんなことを言われると、「私って、ケバいけど、エロ本のモデルに見えるほどケバいかしら」なんて、プライドを傷つけられるのもいるに違いない（エロ本モデルだからって、必ずしもケバくないですけどね）。

こういったエロ関係者のデリカシーのなさによって不快になる客がいて、店にクレームをつけたんじゃなかろうか。

「困ったもんだよな」「そりゃいかんよね」「無神経すぎるよ」「これだから我々までが勘違いされるんだよ」と、『S&Mスナイパー』の編集者とカメラマンと私は半ば腹を立てながら話していたんだが、そういう我々も「縄を縛るときはさ」「ロウソクがね」「血まみれプレイは」「乳首に針刺すなら」「浣腸したらウンコが」なんて会話をしているから、一般エロ関係者とは違った方向で、やっぱり感覚が狂ってるかもしれん。すまん、中○屋。

（96年7月記）

注1：その後、青土社を辞めた。

注2：これから一年ほどして、再びこの記者の取材を受けた。彼は神保町の喫茶店でやっぱりエロ本を堂々と広げるので、私はまたしても注意しなければならなくなった。

追記：その後、この喫茶店で、エロ関係者による傷害事件があって、いよいよ肩身が狭い。この事件、刺した男に最大の問題があるのは当然として、刺された女性編集者にも問題がありそう。

◆ワキガの誘惑

この連載もいつの間にやら四年目に入った。振り返ってみると、まだ取り上げていない不快なテーマがいくつもある。浜の真砂が尽きるとも、世に不快なものは尽きない。早くそういったネタを葬って、世の人々に安眠をもたらしたいものである。

まだ取り上げていない不快のひとつが体臭。浮浪者のニオイについては前に取り上げたが、今回はもっとナチュラルな体臭についてのお話である。

私は汗かき体質なので、夏場に何日も風呂に入らなかったりすると、自分でもわかるくらいに体が臭う。風呂好きだから、実際にそういうことは滅多に起こらないんだが、あまりに忙しくてシャワーを浴びる暇もないことがどうしてもある。夏風邪で、寝汗をかきながら一日中寝ていたりすることもある。そうすっと、特にワキとキンタマ袋が臭くなる。

ウンコのニオイも屁のニオイもヘソのゴマのニオイも、ついつい自分で嗅いでしまうように、人間、自分のニオイは特別だ。これがナルシシズムのもっとも原初的な表れだったりするんだろう。他者に迷惑をかけるのは困りものだが、そうじゃなければ、私もまた自分のワキのニオイやキンタマ袋のニオイはそう嫌いではなく、原稿を書きながら、気分転換にキンタマのニオイをよく嗅ぐ。

ところがどっこい、最近はシャンピリオンエキスとかいって、ウンコのニオイまでを消す物質が登場し、若い娘さんの愛用者が増えている。由々しき問題だ。自分のウンコのニオイも愛せない人間が、他者のウンコを愛せるものか。他者のウンコは愛さなくていいけれど（愛してもいいんだけどさ）、自分のウンコのニオイくらい愛してやらないと、いつか自分のウンコに復讐される。

人間の体臭の中には性的なメッセージが含まれている。特に股間とワキの汗腺は、他とは違う性質があり、人間のフェロモンはここから分泌されるとも言われている。汗をかくと、特に股間とワキが臭くなるのは意味があるのだ。とすると、やたらとシャンプーし、やたらと防臭剤や香水、制汗スプレーを使うのは考えものである。人間は嗅覚を抑圧しているために、意識することが難しいが、我々が思っている以上に人間は嗅覚が鋭く、今でも体臭は性的興奮を呼び起こす機能を発揮しているのだから、体臭を消してしまうと、モテなくなるぞ（注1）。

日本人は黒人と白人に比べると体臭が薄いため、黒人、白人の中には「アジア人は体臭があまりないので、セックスしても面白くない」というのまで現にいる。彼らは日本人に比べると、ずっと嗅覚の貴重さをわかっている。従って、白人好き、黒人好きの人は、ワキや股間をできるだけ洗わない方がいいだろう。

また、体臭を消すことと関わっているんだろうが、若い娘らは毛をどんどん剃る方向にある。これもとんでもない話で、私はワキ毛や陰毛がボーボーの女性がたいそう好きだ。黒木香さん、早く復帰して。

髪の毛は頭を守るため、陰毛と腋毛は皮膚がすれ合うことを防ぐためにあるとも言われる。確かに頭にはよく物が落ちてくるし、いろんなところにぶつけたりもするから、保護のためというのはそこそこの説得力がある。しかし、陰毛や腋毛を剃ったところで特に支障なく手足を動かせることからして、すれ合うことを防ぐとの説はどうも怪しい。また、最もすれるはずのモモの内側に陰毛が生えているわけではないことも、この説を否定する根拠になろう。

陰毛と腋毛の生えている部位の汗腺が違うことから、それらの毛はフェロモンをより気化しやすくするためとの説もあり、私はこの方が正しいと思っている。陰毛はねじれており、陰毛ほどじゃないが、腋毛もねじれている。あれは、表面積を増やして、より効率よくフェロモンを気化させているとも考えられるわけだ(陰毛のネジレについて、このような説を唱えている人を他に知らず、歴史に残る仮説を私は打ち立てたのかも)。

そう考えていくと、やっぱり人間のフェロモンは腋と股間のあのくっせえニオイにこそあるような気がしてくるでしょ。

日本人でもニオイに敏感な人はいて、不快という方向で敏感なだけじゃなく、相手の体臭がきつぃほど興奮する敏感体質の人がいる。セックスの前にシャワーを浴びないで欲しいという男や女がいるんである。知り合いの既婚女性には、チンコのニオイが好きというのがいる。私のチンコのニオイを嗅いでいただいたこともあって、彼女はクンクン鼻をならして味わってました（セックスをした相手じゃないっすよ。セックスをしたわけじゃないのに、チンコのニオイを嗅がせる方がよっぽどヘンか）。

私の場合、積極的に女性の体臭が好きというほどじゃないけれど、かといって体臭を不快だと思ったことはなく、小娘の乳臭い体臭や女性の股間の甘酸っぱいニオイは相当好きかもしれない。

時々、鼻が潰れそうなくらいにマンコが臭うのがいるとの話を聞くが、私は出会ったことがない（注2）。マンコが濡れてくると、パンツを脱ぐ前からニオイが漂ってくるのがいて、ことによると、皆さんが「くっせえマンコ」というのはあのことかとも思うが、あれを不快に感じたことはなく、あのニオイに包まれてマンコをナメるのはわりと好き。「アタシ、オマンコが臭いから、男の人にクンニされるのが恥ずかしくて、思う存分クンニされたことがないの」なんて女性は私に電話してください（面接あり）。

てな話を、飯を食いながらダベっていたら、その場にいたM君という編集者が「僕はワキガの女性がすごく好きなんですよ」と言い出した。こういう人がいるとの話は聞いていたが、こんな身近にいるとは思わなかった。

マンコのニオイはへっちゃらな私でも、ワキガだけは苦手かもしれない。男でも女でも、ワキガの人が近くにいると、やっぱり気になる。そのことで逃げたくなるほどではないが、できることなら嗅ぎたくない。今までワキガの女性とセックスしたことないので、裸になって抱き合ったらどんなもんかわからず、ことによると、M君のように好きになったりする可能性もあるかもしれないし、その可能性を確かめてみたい気持ちもある。

M君はこう語る。

「前に付き合っていた女性がワキガで、以来、ワキガのニオイには敏感になっていて、電車の中であのニオイがすると、ついついそちらの方に引き付けられてしまうんですよ」

M君は海外で生活していたことがあり、白人女性の体臭もまた好物で、白人女性とのセックスはたまらんものがあったそうだ。黒人とセックスしたことはないが、黒人の体臭も大好きだという。

「黒人は体臭がきついと嫌う人がいるけど、全然イヤなニオイとは思わない。黒人ばっかり集まるディスコに行った時も、甘ったるい体臭に包まれてボーッとしてしまった。黒人が好きな日本女性の気持ちがよくわかる。あのニオイの中でセックスしたら、僕も日本人とはもうする気がなくなるかもしれない」

こんなことを言うM君は変わり者と思われてしまいそうだが、変わっているのはワキガへの執着だけで、M君は、性格温厚で、仕事ができる美形の好青年だ。そんなM君にとって、最近の若い娘さんたちが体臭を消そうとする風潮は我慢ならないものがある。

「許せないですよ。ワキガ研究所の前で待ち伏せして、ワキガを治療しようとする女性に〝せっかくの魅力なのに、なんてことをするのか〟と説得したい」

芸能人でも、ワキガで有名な人が何人かいる（こんなことで有名なんじゃなくて、もともと有名な芸能人なんだが）。男では人気男性グループSのIとか、女では、CMやバラエティによく出ている若い女性タレントIとか。芸能人の衣装は、メーカーからスタイリストさんが借りてくるものが多いのだが、こういった人たちに関しては返却ができず、買い取りだそうだ。M君はもともと女性タレントIのファンなんだが、この話を聞いていよいよファンになった次第。

「あんなかわいい顔をしている上にワキガだなんて、むちゃくちゃいいじゃないですか」

とM君は頰を上気させている。

私は会ったことはないが、ワキガで悩んでいる女性編集者がいる。その編集部の人間によると、彼女は防臭スプレーを会社の机の上に常に用意しているそうだ。慣れればどうってことはないが、初めて編集部に来た人は、「なんだ、このニオイは」などと言って、その度に彼女は肩身の狭い思いをしているらしい。

この話をM君にしたら、「僕に紹介してくださいよ」と目を輝かせた。ワキガだというだけで、そんなに興奮しなくてもよろしい。

「アタシ、ワキガのせいで、男の人と積極的にセックスができない。私のワキガに気づいたらどうしようと思うと、裸になれないんです」とお悩みの女性は、M君に電話してください。

快・不快なんてあいまいなもの、ある人にとって不快なことが別の人には快になるとの話の典型である。ワキガで悩んでいる人達を勇気づける、大変いいお話でした。

（96年8月記）

注1：ここにはこう書いたが、人間のフェロモンについては未だ解明されておらず、その存在すら証明されていない。人間のフェロモンについては「Q^2のある素敵な暮らし」で詳しく論じた。これは主としてミニコミに連載された長文原稿で、我がライター人生で、最高の傑作との声もある。某社から『声で暮らす』と改題されて単行本になる話があったが、印刷にかかる直前に中止となった。さるすべりからフロッピーディスクで発売になっていたが、これも今は入手不能。

注2：ワキガではなく、マンコのくっさい女性にその後会った。あれって体質じゃなく病気かも。

◆ＡＦ時代

皆さん、肛門にチンコ入れてますかぁ？

今年に入ってから、池袋を中心にＡＦ（アナル・ファック）専門の風俗店が激増中である（言葉としては「アナル・セックス」が一般的だが、セックスという言葉をつけることで、セックスの一種と思われるのは法的に都合が悪いためなのか、風俗の世界では「アナル・ファック」と称する）。ちょいと前まで、アナル・セックスなんて、ＳＭクラブのＭ女くらいしかやらせてくれなかったものだが、今ではヘルスやイメクラのかわいこちゃんたちがケツの穴を広げて待っている。しかも、ＳＭクラブでは一発三万円以上する肛門が、今では二万円を切っている。肛門の価格破壊。

なんでこんなことになってきたかと言えば、風俗店の競合が激しくなり、ヘルスでは五千円、六千円とかの格安店が続々登場し、これ以上安くするわけにもいかず、かといって本番するわけにもいかない。そこで差別化のために出てきた新機軸がアナル・セックスというわけだ。

肛門にチンコ入れても、法的には売春にならない。売春か売春じゃないかの違いは、マンコと肛門の間の薄皮一枚に存在するのである。従って、店としては売春防止法で摘発される恐れはなく、女の子としても気が楽だ。「私がしているのはアナル・セックスであって、売春じゃないのよね」と言い訳ができるため、罪悪感をあまり感じなくても済み、コンドームが破けても妊娠する心配はないのがまた魅力。

「アナル・セックスをしても売春じゃないなんて、そんなバカな」と思う人もいるだろう。肛門にチンコ入れるくらいなら、どうせ彼氏には入れさせているマンコを使った方がずっと気が楽ではないかと私も思わないではなく、どうしても理不尽な気がしてしまうんだが、論理的にはこれでいいのである。

フェラチオしたところで売春にならない。これに異存はなかろう。飯を食ったり、息をしたり、声を出したり、カラオケを歌ったりする口の中にたまたまチンコを入れるだけなのだから、セックスとは明らかに違う。これと同様、ウンコしたり、屁をこいたりする肛門にたまたまチンコを入れてもセックスではない。セックスは子供を作る行為であり、妊娠するはずのない口や肛門ではセックスできないのである。男同士、女同士では、法的に売春にならないのと同じだ（男同士でも、売春類似行為みたいなことで摘発されることがあると聞いたことはあるが）。

以前、SM雑誌『S&Mスナイパー』がアヌスの特集を組んだことがある。巻頭グラビアに肛門のどアップが掲載されたこの号は、業界でもちょっとした話題となった（注１）。特大肛門写真を見た私は「こんなの出して大丈夫なのか」と編集長に思わず聞いたんだが、編集長は平然とこう答えた。

「だって肛門は性器じゃなくてウンコするところだよ。チンポが入れられることを理由に、肛門も性器だとしてしまうと、チンポを入れられる口もまた性器になり、口の写真まで掲載できないことになる。肛門で性的興奮する人がいることを理由に掲載しちゃいけないのなら、ハイヒールだって下着だって掲載しちゃいけない」

一点の破綻もない見事な言い分だ。事実、この号は警察からの警告もなにもなかった。だったら、キンタマも、雑誌で出していいんだろうか。時々、エロ雑誌でチンチンだけ墨で消して、キンタマには墨を塗り忘れているものがあり、それで警察から警告を受けたり、雑誌が回収されたという話を聞いたことがないので、キンタマは性器じゃないのかもしれない。精子作ってるけど、あれを挿入するわけじゃないですからね。

まだ納得できない人もいるだろうが、とにもかくにも、アナル・セックスは売春ではないのである。こうして池袋方面の若い娘さんたちはバコバコ肛門にチンコを入れている。大変な時代である。

お国は変わってアメリカでは、今でもフェラチオが法律で禁じられている州がある。ある面でアメリカは性の後進国なんですね。ちゃんと調べたわけではないが、アナル・セックスだって禁じられている州があるかもしれず、少なくとも熱心なキリスト教信者の間では忌まわしい行為であり続けているはずだ。キリスト教的に言えば、フェラチオやアナル・セックス、同性愛行為は生殖に結びつかない純粋な快楽のための行為だからだ。

とは言え、フェラチオを禁ずる法律は有名無実化し、その州の住民も、チュバチュバ音をたててフェラチオしているんだが、たまたまそれを知った人間が警察にタレ込んでパクられたり、離婚理由として「旦那がフェラチオをさせる」というのが今でも認められることがある。これはアトランタに住む友人が言っていた話。

日本でだって、ほんのしばらく前まで、フェラチオはそう気楽にできる行為ではなかった。幾度も幾度もセックスし、ようやっとしてもらえるものであり、難易度はセックスよりも高かったのだ。私が大学の時に付き合っていた女の子なんて、三年付き合って、ようやく舌先でちょっとなめてくれるくらいで、最後の最後までチュバチュバ音たててフェラチオしてくれることはなかった。性の後進国、アメリカ以下。しかし、その当時としては決して珍しいことではなかったのだ。

ところが今の若い女の子らときたらどうでしょ。最初のセックスから根元までのフェラチオＯＫで、「セックスはいやだけど、フェラだけならしてあげる」なんて女の子も実際にいる。今の世代にとっては「だって口でするだけじゃん。オジサンたちの世代の方がヘンだよ」ということになるんだろう。時代とともに生きている私としても、今となっては彼女らの意見の方が正しいと思う。フェラなら八千円のヘルスでやってくれるけど、セックスは三万円、四万円出さないとやってくれないんだから、フェラをあと回しにするのはヘンだよな。

よく言われるように、フェラチオの普及したのはアダルトビデオの影響が大きいのだろうが、と同時に風俗産業の影響でもありそう。フェラチオＯＫのソフト風俗店が急増した頃と、フェラ一般化の時期はほぼ一致している。このように、時代や地域とともにセックスにまつわる倫理観、道徳観は着実に変化するわけで、必ずや十年後には、こんな会話を私はするはずである。

「一発やろうよ」と中年オヤジの私。

「セックスはいやだけど、アナル・セックスならしてもいいよ」と若い娘さん。

「いいかい、君。ほんの十年前までは、アナル・セックスなんて普通の女の子がするもんじゃなかったんだ。一生、肛門にチンコを入れずに死んでいく女性が大多数だったんだから」

「えーっ、そんなはずないじゃん。オジサン、言ってることヘンだよ」

読者の皆さんもいずれ旧世代になるのだから、時代に遅れないよう、今からアヌスを鍛えておきましょう。

（96年8月記）

注1：それまでも小さい扱いなら、肛門が見えている写真はあったが、あの号での扱いは本当に驚いたものだ。もちろん今では、肛門写真を掲載する雑誌はいくらでもあって、珍しくもなんともない。
追記1：この前年にAF専門店が池袋に誕生し、その後、二軒の専門店がオープン。ちょうどこの原稿を書いた頃がブームのピークだった。しかし翌年、元祖の店はM女専門店となり、一軒は新宿に移転、池袋AF戦争はあっという間に終息した。今でも残っている専門店に聞くと、一時に比べて客数は落ちている模様。しかし、AFはすっかり風俗のオプションとして定着している。
追記2：半ば冗談で書いたこの原稿だが、ここに書いたことがすでに現実になっていることに驚いた。マンコは好きな男のもので、たいして好きじゃない男にはアナル・セックスさせるというのがいたのだ。時代であります。

◆渥美清の死

「寅さん死んでいた」というスポーツ紙の見出しは秀逸であった。「成吉思汗は源義経だった」とか「キリストは日本で死んでいた」とか「奥様は魔女だった」みたいなフレーズにも似て、なんだかそそるものがある。ここで「渥美清死んでいた」にしてしまうと生々しすぎるが、「寅さん」という役名であることがショックを和らげる役割を果たしてもいる。

死んで尚、役名で呼ばれるとは、役者冥利に尽きるという見方もあるだろうが、死んだ本人としては少々複雑な気持ちではなかろうか。あれほどまでに役者である自分と役名が一致してしまったことに対し、恐らく生前の渥美清は苦しみ、悩み、逃げ出したくなったことだってあるに違いない。仕事とプライバシーを過剰なまでに区別していたのは、家庭が存在することや謙虚で穏やかな渥美清の素顔で、虚像である寅さんのイメージを壊すことになりかねないのを恐れると同時に、役者渥美清は寅さんに譲り渡しても、役者を離れた自分まで寅さんに侵略されたくないとの悲壮とも言える決意の表れだったのかもしれない。

本当のところは知らないが、もし私の推測通りだとするなら、仕事を離れた場で、「寅さん」と声をかけられることをもっとも嫌っていたんじゃないか。となれば、死んでから誰もが「寅さん」「寅さん」と連呼して、渥美清と寅さんを同一視するのは、死者に対して失礼だと思わないでもない。死んだのは、車寅次郎でなく、渥美清なのだ。

さて、渥美清が亡くなっていたことがわかった八月七日、たまたま私は寅さんマニアの藤本君という編集者に会っていた。渥美清死去の報道がデカデカと一面に掲載されたスポーツ新聞を一通り購入して熟読していた藤本君は、ショックで憔悴した様子ながら、私にこんなことを教えてくれた。

「渥美清がホモだったという噂を知ってます？」

ホモ事情に詳しい私だが、これは初耳である。

「しかも、いかりや長介とデキていたというんですよ」

私は「へえ」と返事をしたんだが、藤本君は怪訝な表情で「驚かないんですね。みんな、すごく驚くか、爆笑するんですけど」と私に言った。

恐らくこの噂は、プライバシーを外に出さず、寅さんを演じていない時は寡黙で、あまり笑うこともなく、仕事が終わると打ち上げにも参加せずに帰宅したという、この人物の謎めいているようにも見える素顔から出た根拠なき話だろう。私生活が見えにくい、女遊びをしない、といった程度のことで、すぐにホモだと決めつけるのは世間様の悪い癖である。

この悪い癖は、ホモへの差別がまだまだ根強いこととも関わっている。事実、世の中には今でも同性愛が不快という人が少なくないんですってね。いいじゃん、別に。他人がどんなセックスしてようが。

電車の中で、くだらない顔した男女がイチャついている方がずっと私は不快。なんてことを書くと、羨ましがっているだけだと思う人がいるだろうが、電車の中で、羨ましくなるような女がイチャついているところを見ることはない。美男美女の場合は、人がいるところでイチャついて自己主張しなくてもいいからだ。しかし、滅多に異性に出会える機会がないヤツらは、ここぞとばかりに他人に見せておく必要がある。身の程も知らずに「どうですか、私たちって美しいでしょ」とイチャつく心根の卑しさが不快なのである。

家の中やホテルの中でイチャつく限りはとやかく言う気はない。また、道端なら素通りすることもできる。しかし、電車の中ではあっちから視界に入ってくるから逃げようがない。対して、新宿二丁目やハッテン場（ホモが集まり交流する公園や映画館のことをこう呼ぶ）にでも行かない限り、滅多にホモカップルがイチャつくところを見ることはなく、だったらほっとけばよろしい（注1）。それなのに、ハッテン場にまでわざわざ出掛けて行き、集団でホモをリンチにするホモ狩りなんてえことをやっているバカものらが現にいる。

このようにホモを嫌悪することをホモフォビアと呼ぶが、ホモフォビアの心理はいたって簡単。要するに怖いのだ。自分自身の性に自信が持てない人にとって、ホモの存在は自分らが辛うじて保っている性の枠組みを壊す存在に見えてしまう（本当はもっともっと複雑な心理分析がなされている。是非専門書を読んでいただきたい）。

同じ心理から、時には、ホモっ気がある人こそ、強いホモフォビアを示すことがある。この社会で生きている以上、この社会の常識、道徳、価値観を共有せざるを得ず、ホモへの嫌悪を植え付けられてしまう。その嫌悪を背景にして、自分がホモであることを認めてしまうと、社会から弾き出される恐怖が生ずる。と同時に、自分にできない同性愛行為を謳歌しているヤツらが羨ましくてしょうがない。こうして、ホモを攻撃することでホモかもしれない自分を否定して安心する。

自信があるなら、社会の枠組みが壊れたって恐れることはなく、ホモが多ければライバルが減って女にもっとモテるとでも考えていればいい。私はそう考えている。あえて他者の下半身を攻撃してしまいたくなる人は、もう一度自分のチンコをよく見て、問題が一体どこにあるのか考え、他人を攻撃することで自分の立場を作ろうとするのでなく、本来の自分の性を模索し、それを認めていく方が楽しく生きていけると思いますよ。

話は戻って渥美清だが、私が渥美清ホモ説に驚かなかったのは、根拠なき噂と判断できたのと、もし渥美清がホモであったとしても、また、その相手がいかりや長介であったとしても、さして驚くことでもないし、まして笑うことでもないと思えるからでもある。芸能人に同性愛者が多いことは、ホモ関係者からよく聞いているため、この先、誰がホモであることを知っても、それが事実なら私は受け入れられる。

だって、次々登場したマドンナと、どうしても渥美清がうまくいかないことだって、ホモと考えれば納得できるじゃないですか。あれ、オレも寅さんと渥美清を混同してらあ。

（96年8月記）

注1：不思議とレズ・カップルが電車の中でイチャイチャしているのはよく見る。この場合のレズ・カップルは、ほとんどがネコとタチが明確なタイプ。つまり、タチ役は非常に男っぽく、限りなくトランスセクシャル系に見える。彼らは「自分は本来男なのである。だから、普通の男女のように、電車の中でイチャイチャするのは当然である」と自己主張したいんじゃなかろうかと思ったりもする。でも、私を含めて、電車の中でイチャイチャしない人の方が多数派であり、それってあんまり普通じゃないような。

追記：ここでは「ホモ」という言葉を使っているが、一部、「ホモ」は差別用語だとして批判するムキがある。「レズ」も同様。要するに、「ホモ」は差別的に使われ、「レズ」は差別的に使われることと、男向けポルノでノンケの男のための欲情のキーワードとして使用されているためで、「ホモ」は「ゲイ」と言い換え、「レズ」は略さず「レズビアン」と呼ぶ（「ビアン」という略称はいいらしい）。しかし、言葉を限りなく言い換えていくことに意義を感じず、時にはこの行為そのものが差別意識を固定することもあるため、私は「ゲイ」も「ホモ」も区別せずに使用し、単なる略称として「レズ」も使用している。

◆エロギャグとセクハラ

誤解されがちだが、私はこう見えても、女性の気持ちが手にとるようにわかる大変なフェミニストである。程度によるが、女性らがセクハラと騒ぐ気持ちは理解できる。

サラリーマン経験のある私から言わせてもらうと、殺したくなるほど嫌いな上司っているもんですよ。それでも生活のために耐えるのが給与所得者の辛いところなわけだが、自宅の引っ越しを手伝わされたり、仕事のあとで飲み歩く相手にされたりすると、仕事をやる気さえなくなるってもんだ。実際、私は上司が嫌いなあまりに会社を辞めたことがあるしさ。

その上司と二人で残業している時に、上司が私に「君もこの会社でうまくやっていきたいんだったら、私のうまか棒でもしゃぶった方がいいんじゃないか」と怒張したチンコを目の前に出してきたとする。私は手元にあるカッターナイフでチンコを叩き切っただろう。

穴さえあれば、どんな女とでもセックスできるとの幻想を持っている男は、どうしても女性が言うセクハラを理解しにくいところがあるものだが、このように、ホモ行為に置き換えると女性らの気持ちが理解できるかもしれない。また、何もホモ行為に置き換えずとも、会社の中にいるホントにイヤな女の上司を思い浮かべ、彼女が「マンコなめてよ。うまくなめないとクビだからね」とパンツを降ろして迫ってきたところを想像すれば、手元にある定規かパソコンのマウスを突っ込みかねないくらいの怒りを覚えるだろう。

このように、立場を利用して女が男に性的行為を強要するのもまたセクハラである。TBSで深夜やっているCBSのドキュメンタリーを見ていたら（九六年六月二十七日放送）、女による男へのセクハラ問題を扱っていた。部下の男は女性上司のセクハラに耐えかねて訴訟を起こす。訴えられた女性は猥褻なジョークを連発し、「私の傷を見て」と言って職場で自分のパンツを降ろしたりしたらしい。

これを見て、マンコをなめることを強要したわけでなく、「冗談の範囲なら、そのくらいいいんじゃないか」と私はまず思った。だって、「割れちゃったよ」と冗談でケツ出すくらいのことは私もやりますもん。女の上司が「私の傷を見て」とパンツを降ろしてきた時に、「こりゃまたパックリ割れた重症ですな。しかも腐ってウミが出てますよ。早く病院に行った方がいいのでは」とかわすくらいの度量があれば、もっと楽に生きていけるのに。

ところが、テレビに映し出された女性上司の顔を見たら、「さぞかし辛かったろう」と男に同情しないではいられなくなった。

裁判で原告は負けてしまうのだが、この番組がアメリカ本国で放送されたのちに控訴して、控訴審では勝ったとピーター・バラカンだったかもう一人の女性出演者だかがコメントしていた。でも、あの上司がもっと美人だったなら、きっと陪審員の心証は相当違うものになったはずで、控訴審でも敗訴したんじゃなかろうか。「あんな魅力的な女だったら、許してやれよ」「あれならオレも迫られてみたい」ということになりかねまい。こんなことではいかんわけだが、どうしたって、そういった印象で人の正義感は左右されないではいられない。

それにしても、猥褻な冗談や会話までがセクハラになるというのはどんなもんかいな。部下の女性（あるいは男性）の身体に触る、性的行為を強要する、立場を利用したり、クビや配置転換を匂わせてセックスを求めるというのはあからさまなセクハラだろうし、職場でチンコやマンコを出すのもいけないだろう。セクハラということをまったく別にしても、普通チンマンを人前で出してはいけないいんだが、これを含めて、明確なセクハラ行為は、暴行、強制猥褻、公然猥褻、脅迫など既存の法律に照らし合わせて十分問題であって、セクハラ以前の行為だ。

また、冗談だとしても、「田中君（女子社員）はホントに貧相な体だね」とか「山本君、そんなでかいオッパイをブラブラさせていると、肩がこって仕事がしにくいだろ」など、相手の身体的特徴を笑ったりするようなことも、常識的にしてはならない。「君はビッコだから歩き方が面白いなあ」とか「片手がないと仕事が遅いね」なんて言うべきではないのと同じ。しかし、「ああ、セックスしてえ」と職場で呟いたり、「細川ふみえはいい乳してるね」と会話したりするのはいいんじゃないんか。ダメなんかなあ。困ったなあ。あるいは、雑談として「君はどんな格好でセックスするのが好きなのかね」とか「マンズリしてるかね」と聞いたりすることさえもいいんじゃないか。無理やり語らせたり、そのことで配置転換するのは問題だが、「どんなタレントが好きか」「愛読書は」「UFOを信じるか」「寝る時に頭は東西南北どこを向いているか」「星座は」「血液型は」「出身地は」「出身大学は」「親の職業は」「リンゴとミカンとどっちが好きか」などなど、直接仕事とは関係のない私生活に属する内容を職場で語らせることが果たして問題だろうか。これらがよくて、性的なことだからと突然セクハラという枠組みで問題視されるのはどうも納得できない。

ここで「君は彼氏がいるのか」とか「彼氏とはどんなところに遊びに行くのか」「彼氏とは結婚するのかどうか」といった恋愛やら結婚やらに関する質問や会話でさえも会社でしてはいけないというのなら私も納得するんだが、仕事に何も関係がない恋愛や結婚の話がよくて、セックスやオナニーの話になるとダメというのは、性に対して差別的である(性にまつわるものを特別視することは差別的という意味)(注1)。

どんなテーマであれ、ある人が聞きたくない話を、その人が聞こえるところでしてはいけないというのもわからないではないんだが、これで言うなら、「私は独身だから、他の人が家庭の話をしているのが不快だ」という社員がいた場合や「私は自然を破壊するゴルフが大嫌いだ」「私は子供ができない身体だから、他人が子供の話をしているのを聞くと、自殺したくなる」「私には借金があり、他人が金の話をしていると背筋が寒くなる」という社員がいた場合は、家族の話、ゴルフの話、子供の話、金の話もすべてご法度としなければ筋が通らない。なぜ、結婚や自然破壊、子供、金に過敏な人は守られず、チンマンに過敏な人だけを守ってやらなければいかんのか。

独身であることを気に病んでいる人、地球の未来を危惧している人、子供が出来ないことを悩んでいる人、借金に苦しんでいる人たちは、どんなに不快になってもいいんか。性的なものを極端に嫌悪する人の数は少なくないことが想像できるのだから、それなりの配慮があっていいとは思うけれど、結婚の話を三回したら、マンコの話を一回くらいしてもいいんじゃないか。

露骨にセクハラと認められるもの（つまり既存の法律に照らしても問題になるもの）に対しては、もっともっと企業なり個人が敏感になっていいかと思うが、チンマンギャグまで押し殺そうとする動きがこの日本でも顕在化してきたら、私は断固立ち上がるぞ。チンマンギャグがない地球に生きていく意味はないし、なにより、こんな原稿が書けなくなっちまいますから。

（96年8月記）

注1：こういった性にまつわるものを特別視することの気持ち悪さは、風俗産業への視線において特に露骨になる。これについては、ミニコミ『ショートカット松沢呉一』16号〜18号「風俗バンザイ」で詳しく論じ、また、雑誌『創』で連載している「魔境の迷宮」でも展開している（『ショートカット』版「風俗バンザイ」はすでに完売したが、間もなく創出版から出る予定）。

追記：『風俗バンザイ』はその後『風俗就職読本』として徳間文庫で再刊行した。

◆ＳＭ殺人

この夏、「パラダイス」なるＳＭクラブの経営者が殺された事件があったため、ＳＭのイメージがひどく怖いものになってしまったようだが、ＳＭのように紳士で知的で平和なお遊びに殺人は似つかわしくない。どうもこの辺をわかっていない人がいるので、ＳＭ素人さんに詳しく説明をしておこう。

ＳＭ事情にそこそこ詳しいと思われている私は、「事件があった、あの店知ってる？」と何人かの知り合いに聞かれた。全然知らない。被害者がやっていたのはＭ女専門の店が多かったようで、女王様方面に強い私が知らないのも当然。

どこからどこまでがＳＭか、どこからどこまでが本物でニセモノかの境界線は難しく、あの事件があった「パラダイス」のことをまるで知らない私が、あの店がＳＭクラブなのかどうか判断することはましてやできない。殺人事件は、ＳＭ以外の風俗店や水商売の店でも、あるいはそれ以外の一般の店や会社でも、起きる時は起きる。同じく本格的なＳＭクラブでだって同じような事件が起きる可能性はあるのだから、あれがＳＭクラブなのかどうかを論じてもあまり意味はないとは思う。

その無意味さはあるにしても、何の疑問もないまま「SMクラブ殺人」とマスコミが報道しているのは、そうした方が読者や視聴者の興味を刺激するとの計算があったりするんだろう。ワイドショーのレポーターが「近所の人が女の子の叫び声などを聞いていた」などと言っていたが、怪しいもんである。SMに比べると、ワイドショーの方がずっと怪しいからな。こんな話があったとしても、単に気持ちよさが故の悶え声なんじゃないんか。なんにしたって、そのことが今回の殺人に直結するはずもなく、レポーターの女房だって、毎夜近所に響き渡る声を出していたりするんじゃねえの。

ワイドショーのデタラメさはともかくとして、また、上記のように、殺人事件があったことと、あの店が本当にSMクラブかどうかとの間に因果関係はないとして、現実に、その内実はSMクラブと呼べるようなものではなかった可能性は十分にある。

どういう意味かというと、実は、SMクラブは警察の規制を受けにくく、そのためにSMクラブの看板を利用している店があるのだ。本格派のSMクラブだと、女王様は一切裸にならず、男のチンチンを直接触るようなことや男に乳やマンコを触らせるようなこともしない（人によりけりで、フェラをする女王様は私も知っているし、噂では本番をやる女王様もいるらしいんだが、これはやっぱり女王様じゃないと思うぞ（注1））。射精させることはあっても、女王様は自分の手や口を使うのでなく、勝手にオナニーさせる。チンコに針を刺す時には触らざるを得ないが、わざわざ手袋をする女王もいる。聖水プレイをやるとなればパンツを脱がざるを得ないが、聖水プレイはやらない女王様もいれば、やる時でも客に見えるところでは放尿しない女王様もいる。

つまり、一般の風俗産業とははっきりとした一線があり、これでは売防法はもちろん風営法でも取り締まりようがないのだ（職安法や脱税など、他の法律で摘発されることはある）。また、ＳＭ雑誌に対する警察の規制が比較的緩いのは、読者は所詮少数の変態であり、一般への影響が少ないためだ。これと同じように、ＳＭクラブは一部のマニアが楽しむものでしかないといった考えも警察にはあるらしい。

それをいいことに、看板はＳＭクラブとし、ヘルスや性感と同じようなサービスをする店が少なくないわけだ。もし、「パラダイス」がこのようなタイプの店だったとて、あの事件のせいで、ＳＭ全体が白い目で見られるのは、地道にＳＭ道を極めようとしているＳＭ関係者からすると、我慢ならんものがあるだろう。

こういったＳＭクラブでもＳＭはできるが、そのほとんどはＳプレイのみ。つまり、客がＳとなって女の子をいたぶり、口の中や肛門の中に精液を出しておしまい。Ｓプレイは、限りなく他の風俗に近づき、イメクラの亜流と言えなくもない。こういった店で、Ｍコースがあったとしても、縛りやムチがちゃんとできる女の子は少ない。ＳＭを甘く見たのが、見様見真似で縛ったり叩いたりもするが、これは危険ですよ。

ハードなSMだと命懸けだから、縛り方、叩き方ひとつにも様々な工夫がある。素人さんが手首をデタラメに縛ると、鬱血して跡が残ってしまいかねない。下手なところに針を打つと、動脈に入りかねず、下手なところをナイフで切ると、神経まで切ってしまうことがある。一本ムチだって、素人がやったら骨が折れかねず、安全なバラムチも、叩く場所、叩き方があり、素人がやると、すぐにわかる。

「SMで手加減したり、安全性を考えるのはインチキくさい」などと、SMの根本を理解せずに、バカげたことを書いている人を時々見かける。確かに、徹底して客の意向に沿ったプレイしかしないことは客にとって興ざめだし、稀に、手加減が一切無用のMもいる。しかし、往々にして、そういったSM批判をする人は、そのレベルの話をしているのでなく、SMを暴力だと曲解しているが故の浅薄さでそのような批判をしている。

物事を深く考えられない輩には理解できないだろうが、痛みそのもの、苦しみそのものが快楽に直結するわけではない（この辺のメカニズムについては、今まで何度か原稿にしているので、ここでは触れまい）。

男のチンコは所詮こすればいいってもんだが、だからといって「オラオラ、早く出しなさいよ」とチンコを乱暴にギューギュー絞るだけのヘルス嬢がいたって、客は喜ばんだろ。それぞれの人がそれぞれに欲情するための条件があって、「優しくされたい」「恋愛めいたやりとりが欲しい」「相手が本気で感じて欲しい」といった欲情の回路を開くために、風俗嬢らは演技をしたり、客が喜ぶ方向で自分の気分を高めたりする。それと一緒で、女王様は、ムチもロウソクも縛りも針も、安全性までを考えて、Ｍ男にとってちょうどいい塩梅でやる必要があり、ただただ暴力をふるえばＳＭになるってもんではないのだ。

浣腸は誰にでもできるんだが、あるＳＭクラブでは、流しの下にグリセリンを置いてあり、これと間違えて洗剤を浣腸して救急車で運ばれる事故もあった（グリセリンは浣腸液に使われる）。縛って逆さ吊りにしたはいいが、柱が折れて転落し、首の骨を折ったなんてことも実際にあるらしい。手足を縛られているから、首から落ちていくしかないんですね。だから、どこでもプレイをできるというものではなく、しっかりした店のプレイルームは、そういった事故がないように予め堅牢な鉄柱を設置してあるものだ。

あとは首を絞めるというプレイがある。意識が遠のいて、朦朧とするのがいいらしいんですね。これもひとつ間違えると、窒息死したり、脳に障害が残ったりする。

あくまで噂であり、本当の話かどうかよくわからないのだが、あるＳＭ用のラブホテルでは、今まで三人だか四人だかが死んでいて、救急車で運ばれたのはその何倍もいるという。必ずしもテクが伴っていないための事故というわけではなく、死線をさ迷うところまでやりたがるＭ男さんがいるんですよ。

Ｉさんという現役の有名なＭ男さんがいる。会社でも皆がＩさんの性癖を知っていて、金がない時は「どうしてもＳＭプレイをしたい」と頼み込んで会社から前借りすることとまであるそうだ。偉いなあ。情けないなあ、とも言えるけど。

Iさんの体には焼き印や傷痕が大量にあり、肩の骨が剝き出しになり、乳首は切り落とされ、チンコも変形してしまっている。現在チンコは折り曲げられたまま糸で縫い付けられているため、小便を真っすぐ飛ばすことも、勃起させることもできない。と、実際に縫った純女王様が言っていた。

この純女王様と私は仲良しなんだが、彼女はハードプレイを身上とする女王で、この奴隷にアイロンプレイまでやっている。熱したアイロンを直接肌に当てるのだ。

「ジーと音がして焼ける。人間が焼けるニオイは鮭を焼く臭いと似ていて、その臭いでグーッとおなかが鳴って食欲出る。それはいいんだけど、皮膚がベロベロになってアイロンに皮膚がくっついて、あとが面倒で」と彼女。

ムチの痛みは一日、二日で取れてしまうが、火傷の痛みは長持ちするので、奴隷さんもしばらく幸せ。もちろん火傷の跡もくっきりとIさんの背中に残っている。

「今度足の裏にアイロンをあててあげようかと思っているんだけどね。だって歩く度に痛みを感ずることができるでしょ、アハハハ」

純女王様ったら、仕事熱心なんだから。こういう仕事熱心な女王様としては、Iさんのような極限のM男に対しては極限のプレイをせざるを得ない。とすると、最後は死んじゃうしかないようなところがある。

このような極限Mじゃなくとも、どうせ死ぬなら、縛られたままで死にたいと思っている奴隷さんは少なくないだろう。役者が舞台の上で死にたいのと同じ。私が風俗店で死にたいのと同じ。奴隷さんには年寄りも多いから、望み通りに、心臓マヒで死んでしまう場合だってあろう。死んじゃっても本人幸せなのだ。

こういう場合、刑事的な責任を追及しにくいところがある。業務上過失致死に該当することもあるだろうが、それにしたって死んだ本人が望んでいるとなれば、せいぜいのところが自殺幇助にしかならないのではないか（女王様によっては、何をされても文句を言わないとの誓約書を書かせているのもいる）。

死んでも幸せなSMと死にたくないのに殺されたSMクラブの経営者とは、似ているようで全然違うということがおわかりになっていただけただろうか。

（96年9月記）

注1：その後考え方が変わってセックスするSMもありと思うようになった。

追記1：その後、「パラダイス」にいた従業員やM女、女王様何人かと話をする機会があった。中でもあるM女とはすっかり仲良し。彼女は殺される直前の被害者と会っていて、警察の事情聴取も受けている。彼女によれば、しっかりした店で、報道通りに流行っていたようだが、どうもゼニ儲けのためだけにやっていたオーナーとの印象は拭えない。

追記2：風営法改正により、現在ＳＭクラブは風営法の管理下にある。

◆鬼畜的下品と倫理的下品

　どんなセックスをしようと勝手、でも道にゴミを捨ててはいけないという原稿は、いつになく反響が大きくて、「松沢さんは良識派だったんですね。今まで誤解していました」なんて意見をいくつもいただいた。オレのこと、なんだと思っていたのかな。

　オレっち、殺人も強盗も強姦も痴漢もしたことなく、それ以外でも前科は一切ない。あの野郎を殺してやりたいとか、オレの肉棒をあの女にぶち込んでやりたいとかはよく思っているが、妄想するだけなら自由さね。

　燃えるゴミと燃えないゴミは細かく分別し、燃えないゴミは深夜に出すこともあるが、生ゴミは明るくなってからしか出さない。ネコがゴミを漁ると、集積所の前の家は後片付けが大変ですから。

　でも、家の中は汚いのさ。だって、いくら汚くても、他人に迷惑かけないですもん。自分の家はきれいにしているのに、燃えるゴミの日に空き缶やペットボトルを出したり、夜のうちに生ゴミを出したり、テレビや冷蔵庫などの粗大ゴミを空き地に捨てる人より私の方がずっと倫理的、良識的ですよ。

よくいるじゃないですか。すんげえいい車に乗りながら、信号待ちでドアを開け、灰皿の中身を道に平然とバラまくヤツが。そんなヤツはガードレールに激突してしまえばいいのだ。これも十分迷惑だけどさ。

ある編集者と道を歩いていたら、この人はタバコの箱をねじって歩道の脇の植え込みに捨てた。今まで信用していたのに、それほどでもない人だったんだな、と一挙に信用度が落ちた。ゴミはゴミ箱に捨てなきゃね。SMの世界じゃ、女王様が煙草を吸うと、奴隷さんが口を開けて人間灰皿になることになっている。だからSMって好きさ。

私は宅八郎ほど、すぐに謝る人間を知らない（厳密に言えば、他人を思いやって謝るのとはちょっと違うんだけど）。こういう宅八郎だからこそ、倫理観の薄い人間、間違いを認めず謝ることさえしない人間を許せない。よく見ないとわからないんだが、宅八郎の「復讐」は一方的な好き嫌いで為されるのでなく、常に相手から仕掛けてくることをきっかけとしている。この世の中では、何もかもを、なあなあに済ましてしまうところがあって、それに対して倫理観が強すぎる宅八郎はなあなあにすることができない。そこで徹底的に相手を追及し、その追及ぶりが尋常でなく見えてしまう。なんのことはない、宅八郎を異常だとする人達こそ倫理観がなさすぎる（注1）。

宅八郎とは違う意味で私もまた倫理観が強い。私の倫理は論理とも通じていて、論理的でないことを許せないところがある（論理も何も必要とされない場では、いたって非論理的な人間だが）。ゴミの分別は論理があるから私は守る。「袋を透明にしなければならない」とのルールは今ひとつ論理がない。売られているゴミ袋もスーパーの袋も、全部透明になってしまったから、自然と私も透明の袋を使うようにはなったが、あのルールを私は守る気にはなれない。ゴミ袋を透明にしなければならない納得できる論理があれば、私は真っ先に守るだろう。

こんな私を皆さんは鬼畜のように思っていたんでありましょうか。鬼畜は村崎百郎にお任せさ。世界を下品のどん底に落とすことを目論む鬼畜工員ライター村崎百郎については、その著書『鬼畜のススメ』（データハウス）や根本敬との共著『電波系』（太田出版）を参照していただきたいが、この人物、夜な夜なゴミを漁っている。

電車に乗ると、電車賃の三倍の新聞や雑誌を必ず拾うことを自分に課している。ストイックである。電化製品やら家具、日用雑貨はことごとく拾い物で、時には拾ったエロ本を見てセンズリし、時には拾ったビデオを拾ったデッキにかけて拾ったモニターで観てセンズリし、時には女の使用済み下着や生理用品を拾ってセンズリし、時には日記や手紙や写真といったもので人々のプライバシーを探る。

以前、『JAM』というエロ雑誌が山口百恵のゴミを漁って記事にして顰蹙を買ったことがある。あるいは、瀬戸山玄著『東京ゴミ袋』（文藝春秋）という本もあった。様々な人のゴミを漁り、そのゴミから生活を探るというものである。前者は山口百恵という知名度を背景にしたスキャンダラスな話題性だったり、後者はゴミというものをテーマにした考現学的なアプローチがあったりしたのだが、村崎百郎はそれを個人のセンズリの糧として日課としていて、社会性も話題性も知ったことではない。ここが鬼畜たる所以である。

私も学生時代はよく拾いものをしていた。テレビは常に拾い替えしたものだった。オーブントースター、カーペット、食器棚、ポット、ベッドのマット、レコードなんてものもよく拾った。あとはやっぱり日記やノートの類いが楽しいんですよ、覗き見みたいで。

東京にはなんでも落ちていて、なんて便利な街なのか、とつくづく感心した。でも、ライバルが多く、あとで拾いに来ようと思って、家に帰って出直すと、もうなくなっている。都会の厳しさをこれで私は学んだ。

私はフェチ趣味が薄いので、女の下着や服、切った爪や髪の毛、使ったタンポンをお持ち帰りにしたことはない。ちょっと好きになった女の陰毛を風呂場で拾ったことや、コインランドリーに残されていた紫色のパンティを持ち帰ったことがあったくらいだ。でも、エロ本は本当によく拾っていた。学生時代に限らず、半年くらい前にもエロ本を数冊拾ったな。

プライバシー暴きはよくないにしても、こういったゴミ拾いは清掃局に処分委託されたゴミを盗んでいることとなり、窃盗罪に問われることもあるが、反倫理的、反社会的行為とは全然思わない。それどころか地球の貴重な資源を再利用する貴い営為とも言える。でも、村崎百郎や浮浪者もそうしているように、漁ったあとのゴミ集積所は元通りに整理しておきましょう。

夜の散歩をしゃれこめばすぐにわかるように、世の中には夜の十二時前にゴミを出す人が少なくない。人通りが多い朝はゴミを漁りにくいため、朝方にゴミを出す人のゴミは拾われないで済む。つまりルール違反のゴミこそが餌食になる（この辺の事情は『鬼畜のススメ』に詳しい）。尚、廃品回収業者も夜中にゴミの中から再利用できるものを拾っている。あなたが捨てたはずのものが、しっかり古本屋や古道具屋に流れるのだ。こういったルートから市場に出たと思われるものを私も多く入手している。これがイヤなら、ルールを守ればいいだけである。

人が使ったものを拾うこと自体下品だなんて言うヤツもいるだろうが、だって私や村崎百郎は下品ですもん。私は倫理的下品、村崎百郎は鬼畜的下品。

それに、人が使ったものを使えないなら、古本屋や中古レコード屋、古着屋に行けない。飯屋じゃ無数の人が使った食器を繰り返し使い、歯医者では無数の口の中に入ったドリルを使うのだ。村崎百郎も書いているように、何人ものチンコを入れたマンコに自分のチンコを入れたり、何人ものマンコに入れたチンコを自分のマンコに入れたりしているくせに何を言ってやがる。処女と童貞ばっかりじゃあるまいし。このように、非論理的なことを言う人が私は許せないのだ。わかったかな。

それはそうと、私も村崎百郎も、若い娘っ子にあまり興味がなく、ロリコン趣味はまったくない。処女なんかより、たっぷり使いこんで、ぐっちょり熟した女を好むのだ。概してゴミ好きは、使い古して捨てられた女が好きってことか。イヤな結論だな。

(96年10月記)

注1：ロフトブックス編『教科書が教えない小林よしのり』を参照のこと。一見紳士ヅラした小林よしのりは、自己正当化のためには他人を貶めることをも厭わず、事実を改竄し、ウソをつくことにさえためらいがない。自分の身の周りだけきれいにして、平然と外でゴミを捨てるような人間である。私や宅八郎、村崎百郎でなく、小林よしのりこそ本物の鬼畜と呼ぶに相応しい。

追記：宅八郎とは、ある出来事をきっかけに疎遠となった。

◆ミニラ

拙著『エロ街道をゆく』（同文書院。のち、ちくま文庫）を読んでゲロを吐いた女性編集者がいた。その話を本人から聞いて大爆笑してしまったが、最近、またも大爆笑のゲロ吐き話があったので、報告しておく。

ケツ穴とスカトロの専門誌『お尻倶楽部』（三和出版）で、桃井麻美というウンコ女優にインタビューすることになり、その前に彼女の主演ビデオ『大喰糞』（V&R）を編集者のウンチ内山と観た。

ピアノのレッスン中に主人公の女性（桃井麻美）は便意を催す。やがて辛抱できなくなって大便を漏らし、ピアノ教師にバレてしまう（バレて当然の量）。お仕置きとして腸に残ったウンコを先生の手のひらにしぼり出し、洗面器に放尿。そのウンコを口に入れ、モグモグと口を動かしながら飲み込んでいく。粘つくためか飲み込みにくいようで、洗面器の小便を飲み物として再利用。飲み込んだ大小便を今度は洗面器に吐き出し、小便とゲロとウンコが渾然一体となった茶色い半液体を飲む。あまりのことに、このビデオのカメラマンが気持ち悪くなって、彼女の口の中に吐く（胃液と唾液が出た程度だが）。カメラマンを気持ち悪くさせたことのお仕置きとして最後はアナル・セックス。

ざっとこんな内容で、安達かおる監督は、最初からドラマ作りを小ばかにしたように、カメラマンやスタッフをガンガン画面に登場させ、結果としては、そういったドラマに出ている桃井麻美のドキュメンタリーとして描いているようなところがある。ビデオの作り方としてバカバカしくて笑え、事実私と内山は何度も笑ったのだが、そのくせ、今まで何本ものスカトロ・ビデオを見ている私も内山も正視できないものがあった。

私の場合は、今まで女性がウンコをするところを生で見たのはせいぜい五回程度、ウンコを口の中に入れたり、体に塗りたくるのを見たのは二回程度しかないが、内山は『お尻倶楽部』の撮影で毎月脱糞を目の前で見ており、日本で一番脱糞現場を目撃している女性編集者と言われる。その内山でさえ不快感を露わにしたのだから、このビデオの完成度は相当高い（作品としての完成度が高いというわけじゃないか。衝撃度が高いのかな）。

では、このビデオの何がすごいのかというと、ウンコやゲロそのものでは決してない。ウンコしたり、ゲロしたりして、それを食って吐いて、また食って、というビデオは今までにもあって、これ自体が衝撃なのではない。このビデオで初めてウンコを食った桃井麻美の存在そのものが衝撃である。彼女のたたずまいが尋常じゃないのだ。ウンコを食うとなれば、普通はイヤイヤの表情を浮かべるものだし、本当のマニアだったら陶酔の表情を浮かべるものだが、彼女はただ淡々とウンコを食う。その無表情が怖いのである。

V&Rのビデオには特殊な人材が豊富に登場するが、桃井麻美もその路線のひとりで、単体アイドル系のメーカーなら、まず主演で使うことなどないタイプ。彼女は、全然美人じゃない。スタイルもよくない。もしこういったビデオに出ていなければ、決して私は興味を抱くまい。

単にブスなら珍しくもないが、彼女が醸し出す雰囲気は今までに見たことがないもので、アナル・セックスの時に〝ぐぁーっ、ぐぉーっ〟といった、デスメタルのヴォーカルを彷彿とさせる低音の叫びを出し続けるのも怖い。ビデオを観て、インタビュー好きの私が思わず「インタビューしたくなくなった」と弱音を吐いたくらいだ。

目はくっきりしていて、それだけ見ればかわいいと言えなくもなく、内山は彼女に「ミニラ」というニックネームをつけた。言い得て妙である。

そのあとミニラに会ったら、現物がまたすごかった。私がウンコ雑誌の仕事を積極的に受けるように、稀にウンコ・プレイを積極的に好むモデルがいるが、スカトロものの雑誌やビデオに出るモデルの大多数は金のため、やむを得ずやる。単体で出られるほどのルックスじゃなければ、SMや乱交、屋外プレイといった仕事も受けざるを得ず、最後はスカトロでもやるしかない。スカトロはモデルとしての最後の一線だったりするわけだ。

ミニラもそういったタイプとしか思えないんだが、本人の中では、タレントとしてのステップアップとして、このビデオに出たと解釈されているらしい。「今後こういった仕事ばかり来るようになるよ」と私が言ったら、「そうですか」と思い切りの笑顔を浮かべる。こっちは心配してあげているのに心配無用なミニラであった。素直と言えばこれほど素直な人間もいまい。しかし、この素直さがまた人を不安にさせる。

もし彼女が一般的な視線で見ても魅力に溢れた女優さんで、アイドルから大人の女優への脱皮を図って娼婦の役をやったとして、「汚れ役もやってみたかったんです」「今回の娼婦の役どころで、新しい私をお見せできたのではないかと思います」などと語るのなら、何も違和感はない。ところが、これがウンコやゲロだから、こちらは混乱してしまう。そして、こちらの混乱がまったく理解できないように微笑むから、いよいよ混乱する。

もし彼女が屈折の果てにこうなったり、親の暴力など、インチキ臭くあっても、ここに至るまでの何かしらの物語を読み取れ、ウンコを食う意味が解釈できれば、まだしもこっちは安心できる。しかし、彼女には何もない。素直すぎるあまりに、好奇心でウンコを食っただけだ。

普通は、性的なもの、特にスカトロ的なものに対しての禁忌を植え付けられるものだが、彼女はそういったネジレがまるでないまま大人になった模様。冗談で言っているのではなく、彼女は本当に羨ましいくらいに屈折も屈託もないのである。内山はよく「スカトロモデルはネジが百本くらいゆるんでいるのが多い」と言っているが、ミニラには最初からネジがない様子だ。

彼女のインタビューは二時間ほど続き、昼飯を食っておらず、腹が減っていた私は、ウンコの話をしながらサンドイッチや稲荷寿司をモリモリ食っていた。サンドイッチの話をしながらウンコを食うわけじゃなし、こういうのは全然平気なんだが、「男優さんのウンコの方がおいしかったですね」なんて話を聞いているうち、さすがに彼女の空疎パワーにしてやられて、疲労感に襲われてきた。

示し合わせたわけではないが、私も内山も名刺さえ渡さずに、逃げるように帰ってきた次第である。

なお、彼女のアナル・セックス初体験は、『お尻倶楽部』のブレイン的な存在であるAさんとだった（『お尻倶楽部』ではない雑誌の仕事で会ったそうだ）。ミニラもすごいが、ミニラとアナル・セックスするAさんもすごいと私はえらく感動した。

それから二週間ほどあとのこと。内山は編集部の若い編集者Tに『大喰糞』の画面撮りをやらせていた。Tはウンコ仕事をやっているせいでつい最近婚約破棄になった人物。別の雑誌に入りたかったのに『お尻倶楽部』に回されてしまい、今でもウンコへの抵抗が強い。そんなTにとって『大喰糞』は刺激が強すぎたようだ。

Tはミニラがウンコとゲロと小便の入った液体を飲んでいるシーンを見ながら、「これ、きついっすよ。今まで見たビデオの中で一番耐えられない。もう吐きそう」と言って「ウゲッ」と声を出した。誰もが冗談だと思ったのだが、この男、本当にその場で吐いて、自分の靴をゲロまみれにしゃがったのだ。「ああ、僕のナイキが」と口の周りにゲロつけて呆然とするT。その様子がおかしくておかしくて、この夜、私はずっと笑い続けた。

撮影現場でも吐いたことなどないスカトロ雑誌編集者にゲロを吐かせるミニラの空疎パワー。こうしてミニラ伝説にまたひとつエピソードが加わって、私の周りでミニラの話題が出ない日はない。彼女がこのビデオをきっかけに今後どんどんウンコを食うようになるのと同様、私らはミニラに慣れてしまったようだ。また、彼女の希有な天真爛漫さが理解できてきて、『大喰糞』はもう三回も見てしまい、既に発売が決まっているミニラ第二弾も見たくて見たくてしょうがない（注1）。最初は嫌悪していた私だが、今ではファンと言っても過言ではなかろう。行け行けミニラ！

（96年12月記）

注1：製作が遅れ、九七年十一月、ようやく『スーパー大喰糞』がV&Rから発売になった。この発売を記念して『お尻倶楽部』の妹雑誌『お尻倶楽部Jr.』で桃井麻美に二度目のインタビューをした。彼女は「アタシも前からミニラに似ていると思ってました」と語っていた。それまでなんともなかったのに、このインタビューをしている最中に、私は急に気分を悪くして、インタビューのあと編集部で五時間熟睡した。体

温計で計ったら熱まで出ていた。空疎パワーは衰えず。

◆陰毛で大損害

ギャラの安い仕事が多いというのに、時間かけて取材したり、資料を調べたりするため、働いても働いても金にならん。その中では、『週刊SPA!』の連載が最も安定した収入になっている。『週刊サンケイ』時代から付き合いがある関係で、この雑誌にはあれこれ世話になっており、少なからぬ思い入れと信頼を持っている（あくまで雑誌なり編集部に対してで、経営陣に対してではまるでない。経営陣は所詮フジ・サンケイよ）。

以前はよく特集の仕事をやらせてもらっていたが、ここ三年ほどは連載を持っている。ところが、この連載、問題をあれこれ引き起こしてしまっていて、いつまで続けられるのやら甚だ心もとない。

読者からのクレームはさほどなく、私の耳まで届いたのは今まで三回か四回程度かな。それらにしても、編集部で問題視されることはまったくない。だいたい抗議してくる読者っておバカさんですから、編集部は相手にする意味を感じない（感じる場合は相手にしますよ）。何故か読者は、書き手じゃなく、編集長や発行人宛てに抗議してくるのが多い。この連載の一回目に抗議してきた我が同志もそうでしたね。書き手が返事を出さないために、掲載責任を出版社側に求めるのならまだわかるが、最初から発行人や編集長に出す。たぶん生徒が先生にチクる感覚なのだろう（注1）。生徒同士で解決するのではなく、常に親や先生が介入して、上から解決する発想がとことん染み付いているのだ。

でも、編集長や発行人は忙しいから、ほとんどの抗議の手紙は、著者にそのまま渡すか、ゴミ箱行きになる（出版社や編集部の制度や体質、書き手の体質にもよる。書き手によっては、抗議の類いを見たくないとして、すべて編集部にお任せにする人もいると聞く）。

取り上げた対象から抗議が来たこともあるが、「まあまあ、松沢君。ああいうおバカさんは面倒だから、もう誌面に名前を出さないでやってよ」みたいなことを編集部から言われておしまい（編集部が「おバカ」という言葉は使わないけど）（注2）。

雑誌の仕事をやっていると、抗議は来て当たり前のところもあって、何年も連載しているのに、抗議のひとつも来やしない方が「読んでいる人がいないんじゃないか」「毒にも薬にもならんことしか書いてない」と問題になるかもしれないくらいのもんだ。

人によっては抗議が来るだけで、ビビッて寝られなくなる小心者もいるそうだが、私は抗議が来ると、心躍るところがある。「死ね」という類いのものであってもだ。そういった性格も手伝って、かつて私は、どんな低劣なものであっても、読者からの抗議や質問の類いは極力丁寧に返事を出すように心掛けていた。でも、返事を書くのは無駄と悟った

(悟るのが遅いってか)。ロクに人の原稿を読まずに抗議してくるものだから、「ちゃんと読んでね」と、自分の原稿を解説して返事を出すと、だいたいはそのままになる。「納得した」と返事の一本もありはしない。

この場合は、あちらが納得してくれたと推測できるからまだいいが、抗議してしまった自分を維持するために、次々と揚げ足取りのようなことをしてくるのがいる。最初はAという立場から批判してきて、私が反論の手紙を出すと、今度はBという立場から批判してくる。このAとBの立場は互いに矛盾していて、Bの立場を選択することによって、今までの自分の立場を否定することになるのだが、そんなことはおかまいなし。ただもう「松沢憎し」だけになっているのだ。そして最後は必ず「あなたはプロで、私は一読者です。詳しいことはわかりません」などと読者の立場に逃げる。だったら最初から無知な一読者として黙ってろって話である(注3)。

こういったことを繰り返し体験して、今は、最初から罵倒してくるだけの抗議はすべて無視、単なる読み違いも無視(それでも、暇な時は返事を出すこともありますが)。読者の意見が正しいかもしれないと思える場合だけ返事を書くことにしている。また、質問の類いも、図書館に行って関連書や私の過去の原稿を見ればすぐに調べられるようなものは無視。便利屋じゃないんだから、読者の手間を省いてあげるために私が手間をかける必要はないだろう。ただし、読者が調べてもわかりそうにない内容だったり、図書館で何日もかかりかねない内容は返事を出す。こんな内容の質問は滅多にないですけどね（注4）。

といったように、編集部から見ても、読者からの抗議がわんさか来たところでたいした問題ではない。ましてや著者にとっては、抗議という形であっても反響があるのは嬉しい。誰ひとり拙稿を読んでいない可能性のある雑誌（エロ雑誌はだいたいそう）に比べれば、とにもかくにも読んでくれている人を確認できるのはありがたい。

頭が痛いのは、事前差し替え。細かな直しは別にして、今まで『ＳＰＡ！』では、二週分の原稿のすべてが事前に差し替えになったことが一回だけあった。宅八郎のインタビューである（注5）。この場合は、読者に言いたいことを伝えられなくなってしまう。

これを教訓として、差し替え原稿を事前に用意し、某社からの圧力を恐れて編集部が差し替えを要求してくるのではないかとドキドキしていた原稿もあった。しかし、差し替えにはならず、出てからも特に何もなかったみたい。著者や編集者が知らないところで処理されている可能性もありますけれど。

さらに、私の連載はよくスポンサーからクレームが来る。正確には代理店からだったりするんだが、これは頭が痛い。一番頭が痛い。出版社にとって、スポンサーはおバカさんじゃないんですね。正確に言うと、実態はおバカさんだったりもするんだが、おバカさん扱いはできないんですよ。特に扶桑社はスポンサーに弱い体質の会社のため、代理店やスポンサーは、他の雑誌なら黙っているところでも、扶桑社には文句をつける傾向があるようだ。

私とて、スポンサー様のおかげでメシ食っている部分が確実にあるのだから、スポンサーからの意見に対しては、しゃあないなとあきらめざるを得ないところがある。おバカさんだから論理が通じる相手じゃないし。

今まで何度も私の連載にはスポンサーからクレームがついていて、広告の担当者がよく謝りに行っているらしい。私としては、『BURRN!』の連載と違って、わざわざ人が不快になるようなものを取り上げているつもりはないのに、大変心外。私のような者のせいで、頭を下げる広告担当者も大変心外だろうけど。

私の連載では、文章よりも写真がスポンサーを刺激するらしく、寄生虫の写真や巨大な木製チンコの写真、馬の交尾写真などを連発するために、対向ページに広告を出しているスポンサーがイヤがるのだ。だから、いざとなったら「やめろと言ったのだが、カメラマンが勝手にあんな写真を撮りやがって、実は私も困っているんですよ。次号からカメラマンをクビにしますから」と逃げるつもりなんだが、対向ページの写真くらいでイメージが悪くなる程度の商品を作っているおバカさんたちが理解してくれるかどうか。

ブタのキンタマを皿に乗せて出した際にもクレームがついた。キンタマの大きさがよくわかるように、愛用していたKという銘柄のタバコの箱を置いたのだが、そのタバコのメーカーがクレームをつけてきた。これは対向ページの広告主ではないのだが、広告を半年間出すのをやめたと聞いている。扶桑社、キンタマで大損害。いい話でしょ。

いわば世界の基準として、そのタバコを使ったのに、キンタマの横に置くだけで不味くなるタバコを作っているらしきその会社は、自分の会社のタバコの不味さがバレるんじゃないかと気が気じゃなかったんだろう。この時に出したキンタマはこれから料理される食材であり、「不快」「グロ」「気持ち悪い」という形容でなく、「美味しそう」「幸せいっぱい腹いっぱい」という形容こそが似つかわしいものである。こんな美味しそうなものと並べられたら、うちのタバコはブタのクソ程度のもんだとバレてしまうと恐れたのかな。

なんとキンタマの小さい会社か、と思って私はタバコを変えました。JTさんであれば、決して、こんなクレームをつけまい。やっぱりタバコはセブンスター。私は吸ってないけどさ（吸うこともある。JTの商品では、他にハイライトも時々吸う）。

そして、クレームの嵐だったのが陰毛シリーズ。数週にわたって陰毛のことを書いて、毎号のように陰毛写真を出していたんですよ。これだけ雑誌に陰毛写真が溢れ返っているから、いくら出してもいいんだと思っていたんだが、警察は良くても、スポンサーがうるさい。その理由は「汚い」ということらしい。失礼な。マンコの毛のどこが汚いのか。あんたら、マンコの毛が嫌いか。マンコの毛を触ったり、なめたりしたことないんか。てめえらの母ちゃんや妻、娘にマンコの毛が生えていないんか。

まだ毛の生えていない子供とパイパンを除く全女性を愚弄するスポンサーどもに腹を立

てた私は「マンコの毛は汚くない。それを証明しよう」と、今度は比較対照するためのチンコの毛を出したんですよ。これに比べればマンコの毛はきれいだろって。この時の四人のチン毛は編集者に協力してもらったんだが、大の大人がチンコを股に挟みこんで撮った写真を見て、「なんてバカなんだ」と私は爆笑し、いよいよこの編集部が好きになった（この場合の「バカ」はもちろん褒め言葉）。

スポンサーを刺激するというので、文章に一部直しが入ったんだが、この男性陰毛写真は無事掲載された。今まで女の陰毛を出してきた手前、男の陰毛は出せないとは言えなかったのかもしれない。しかし、編集部からは「お願いだから、これでやめてくれ」との申し入れがあった。本当は、もしチンコの毛にもクレームがついたら、「実はチンコの毛もたいして汚くない。これを見ろ」と肛門の写真かウンコの写真を載せようかと考えていたんですけれどね。

といったように、この時はクレームをも大変楽しく受け取っていたのだが、この話をどこからか聞き付けたライターが、私にこの話は伝えられていないのではないかと思って、親切に電話してきた（こういう場合、執筆者には黙って処理することもあるのだ）。

「松沢さんの連載のせいで、広告からクレームがついて、編集部は大変らしいよ」

彼は深刻そうな声でそう言った。どうも楽しんでいる場合じゃないらしい。そりゃ、下手すると、私の連載のせいで数千万円といった単位の金を出しているスポンサーが降りてしまうかもしれないんですから、大騒動ではあるかもしれぬ。でも、いいじゃんね、面白ければ。

『SPA！』ではない週刊誌の編集者が私にこんなことを言ってきたのも驚いた。

「松沢さん、あんな写真を出しても大丈夫なんですか。うちの編集部で話題になってますよ」

へっ？　なんのことかしら。

「場合によっては、今でも陰毛を出すと、警視庁や東京都から警告が来るんですよ」

あらま。陰毛は解禁だと信じていたが、雑誌の部数やら出し方によっては問題になるそうで、その週刊誌も陰毛で警告をくらっているという。私の連載ではマン毛やチン毛のどアップだったので、その週刊誌の編集者も驚いたそうなのだ。

この話を『SPA！』の担当編集者に言ったら、「あらま」とやっぱり驚いていた。私らなんにも知らないで雑誌作ってる。

こんなことでは、いつ連載が休止になってもおかしくない。でも、いいじゃんね。連載休止になっても、面白ければ。一番のおバカはアタシなの。


（97年1月記）

注1：切通理作の行動を思い返していただきたい。詳しくは『教科書が教えない小林

よしのり』参照のこと。また、小林よしのりは九八年になって、小林を批判した上杉聰著『脱ゴーマニズム宣言』（東方出版）に対して、メディア上で表現する場を持っているにもかかわらず、誌面での議論を経ずに、著者と版元に訴訟を起こした。これもまた似たような精神構造によるものだろう。

注2：丸田祥三というカメラマンが抗議してきた時がこのパターン。これも『教科書が教えない小林よしのり』参照のこと。どうしてこいつら、著者に直接抗議して、討論しようとしないかね。

注3：プロだのアマだのといった規定で発言内容を判断するようなことを私は心底嫌悪している。プロであろうとなんであろうと、正しいことは正しく、間違っていることは間違っていて、読者の意見が正しいのかもしれないことを前提にして、こちらは返事を出しているのに、「無知な読者」というところに自ら逃げ込まれては、それ以上対話をする意味を感じなくなる。自分の浅薄な理解や知識で抗議してしまったことがわかったら、それを認めればいいだけなのに、自分の間違いを認めたくないために、「オレは読者だ」と開き直ってしまうんだろう。

注4：今年の頭に『BURRN!』読者からの問合せに返事を書いた。レズビアンの主婦からのもので、レズビアン情報が欲しく、また、同類の人たちとの交流を持ちたいと切望する内容だった。この人も『BURRN!』でしか私の原稿を読んでいない

のだが、時折、同性愛の話が出てくるので、何か知っているだろうと切羽詰まって手紙を書いてきた模様。レズバーもサークルもない地域に住む主婦が、こういった情報を得るのは確かに難しいだろう。この人からはしっかりお礼の手紙もいただいた。こういう場合は、返礼くらいは出しましょうね、皆さん。

注5：これも『教科書が教えない小林よしのり』参照のこと。

追記：九七年末、『SPA!』の連載は約四年で終了し、この原稿は掲載するタイミングを逸してしまった。

◆恐怖チンコ病

以前この連載で、尿道炎になって、カテーテル（導尿用のゴム管）を尿道に突っ込まれた話を書いた。大学生の時の話だが、あれ以来、私の尿道は炎症を起こしやすくなってしまった。睡眠不足が続いたり、仕事が忙しかったりすると、見事に尿道炎の症状が出てしまう。自覚はできなくても、睡眠不足や過労によって、抵抗力というものはてきめんに落ちてしまうものなのである。こうして尿道炎が我が持病になったんだが、七年前に尿療法を開始してから、一度として症状が出ることはなく、さすが尿効果と感心していた。というのがこれまでのあらすじ。

ああ、それなのに、この二月、久しぶりに尿道炎の症状が出てしまった。起きてトイレに行って小便をしたら、尿道が熱い。不安になって、その日、注意深く尿道口を観察していたら（そんなもん注意深く観察するなってか）、夜になってウミが出てきている。昨年からずっと風邪が治らず、そのために体力が落ちていたところに、過労と睡眠不足が重なったのがたたったんだろう。

それまでの数日間、仕事が無茶苦茶忙しく、平均睡眠時間三時間にも満たないような状態だった。こういう場合は小便も飲みにくい。長年の習慣で、グッスリ寝て起きた場合は、歯を磨くのと同様に、意識せずとも自然と小便を飲んでしまうのだが、仕事の合間に仮眠するばかりの生活だと、ついつい飲まないで済ませてしまう。しかも、出版社の仮眠室で寝ると、いよいよ小便は飲みにくい。私が小便を飲んでいることを知っている人はいいけれど、そうじゃない人が小便を飲んでいる姿を見たら驚きますわな。このように、しばらくの間、飲尿を怠ったのもまずかったんだろう。

久々の尿道炎によって、大変弱ったことになった。何故かというと、今年の私の抱負は「セックス」である。「高校生じゃあるまいし」とバカにされているが、まるっきりの本気だ。来年早四十歳、チンチンの立ちが確実に衰えてきているから、今のうちにやることやっておかないとあとがない。もともと、さほど性欲が強い方ではないのだが、四十の壁を前にして、ちょいと焦りを感じているのだ。

どうせなら、チンコを使っていない時期に尿道炎になってくれればいいものを、久々に積極的なセックスライフをエンジョイしようという正にその時に尿道炎とは運が悪い。

淋病と尿道炎は、梅毒やヘルペスのように表面にブツブツが出来たりはせず、重症にならなければ、ひどく痛むこともなく、せいぜいウミが出てむず痒い程度。しばらくの間、ノーガード戦法でセックスした記憶も、生でフェラチオしてもらった記憶もないから、間違いなく尿道炎なんだが、他人はそう思ってくれない。私が「チンコからウミが出ている」というと、ことごとくが「性病じゃないの」と言う。

それどころか、イラストレーターのトレヴァー・ブラウンの奥さんは、「尿道炎になった」と言った途端、「何を入れたのよ」と聞いてきた。彼女は以前SMクラブで働いていたことがあって（SM嬢じゃなく、受付）、そのためにSM関係には詳しく、てっきり尿道への異物挿入プレイでもやったと思ったんだろう。オレって、そんなにヘンな性生活をしているように見えるんだろうか。見えるらしいんだな、これが。

先日、『S&Mスナイパー』の取材で見せてもらったプレイでは、某家電メーカーの技術者であるM男さんが、尿道周辺に針を四本も刺されていた。尿道炎の今の私には、あんなプレイは決してできない。今じゃなくっても、あんなことしたくないけれど。

そのM男さんはキンタマに針を刺されたこともあると言っていた。袋じゃなくて、睾丸そのものにである。「恐怖感はすごいが、意外に痛くないもんですよ」と澄ました顔して語っていた。この人はもう子供もいるから、チンチンやキンタマが使い物にならなくなっても問題なし。こんな人がキンタマに針を刺されても病気にならなくて、残った全精力を使ってチンコをフル稼働させようとしている私が尿道炎とは、世の中、どこか間違っている。いや、案外、日常的に針でも刺していた方が耐性が出来て、病気にならなかったりするかもしれん。

淋病であろうと、コンドームをすればフェラもセックスも問題ないが、生フェラせず、生挿入しなくたって、やっぱり淋病の男はイヤだ。また、淋病ではなく、尿道炎であることがはっきりしていても、チンコからウミを出している男とは単純にセックスしたくないもんだ。尿道炎になっているところに別の細菌が入ると感染しやすいため、私としてもチンコは当面使用禁止にするしかない。

こうしているうちにも、チンコの立ちが衰えるかと思うと気が気じゃない。

尿道炎なんて、抗生物質ですぐに治るのだが、尿療法を世に伝導してきた私としては、ここで安易に薬に頼るわけにはいかず、小便で治すしかない。さっそく毎日確実に小便を飲んでいるんだが（どうしたってウミが混じるが、そんなもんはなんでもない）、小便は即効性がないため、まだしばらく時間がかかりそう。

といった話をしていたら、ある編集者が「僕もチンポには苦しめられているんですよ」と言い出した。話を聞くと、彼は、重度のチンコ病に幾度もやられている。

これは三和出版の編集者で、三和出版にはヘンテコな人がわんさかいて、楽しいったらありゃしない。この言い方よりも、ヘンテコしかいないと言った方が正しいかもしれん。

本誌の熱心な愛読者である茶髪（本人はプラチナブロンドと主張）の武田新一郎（本人の希望によって実名）はウンコが好きなあまり、大阪から上京して『お尻倶楽部』の編集者をやっている。彼は、「見た目を別にすれば、この会社の三階でオレが一番まともやわ」

と主張している(三階は『お尻倶楽部』『マニア倶楽部』『おもらし倶楽部』『フラミンゴ』などのマニア系の雑誌を作っている第二編集部）。彼は浪費癖があり、二百万台に達する借金を抱えているが、それでもこう主張したくなるくらいに、この会社はヘンテコな性癖、ヘンテコな顔、ヘンテコな佇まい、ヘンテコな経歴、ヘンテコな体重（肥満体型が蔓延している）の人が多いのだ。

すでに登場した『お尻倶楽部』の編集者ウンチ内山は酒癖が悪く、泥酔して道端で寝ていたら病院に運ばれ、気づいた時には尿道にカテーテルを突っ込まれていた体験を持つ。スカトロビデオを見ながらゲロ吐いたTは、金持ちのボンボンで、青山学院大学を卒業しているはずなのに、「ねえねえ、京都って何県でしたっけ?」「ナイン、テン、イレブン。あれぇ、英語で十二って何でしたっけ?」といった質問をして青学の知力を見せつける。『おもらし倶楽部』のオンツィ君は家がなくて、会社に寝泊まりしており、どこからどう見ても現代人とは思えず、若い娘には見向きもされないが、会社のある巣鴨を歩いていると、老婆に熱い視線をジットリと向けられる。「硫黄島で亡くなったはずのうちの人がどうしてここに」なんて思われているんだろう。

同じ編集部のEは精神を病んで、深夜京王デパートの前で絶叫したり、人の家で暴れた過去がある。

同じく『おもらし倶楽部』のKは、女子高生の制服について語らせたら日本で五本の指に入る女子高生マニアで、自分にはかわいい妹がいると言い張るが、妄想の疑いがある。大学の時から付き合っている彼女は精神病院に入ったままだ（注1）。

『おもらし倶楽部』の編集長である東本次長（通称アナル部長）は、三度の飯より肛門が好きなのだが、二カ月前に自分が最も好きなのはノゾキであることを悟ったそうだ。三十六歳にもなって。事実、奥さんが風呂に入っているところや着替えしているところをよく覗いているらしい。

「そんなん、知らない仲じゃないんだから、見せてもらえばいいじゃないか」と私が聞いたら、アナル部長はこう答えた。

「バカだなあ。そりじゃあ、ノゾキにならないだろ」

そりゃそうだけど。

フロアは違うが、『カルテ通信』という医療フェチ雑誌の編集部には、マスク・フェチがいる。いつも風邪をひいているのかと思ったが、マスクが好きなのだ。初めて会った時に彼はこう聞いてきた。

「松沢さんはマスクは嫌いですか」

好きも嫌いも……。

これ以外に、パンツがよく見える女性編集者、いつもどこで買うのかよくわからない服を着ている女性編集者（彼女がまたいい味の体験をしているのだが、社内でも知らない人が多いので、内緒にしておこう)、自分の家のすぐ下の中華料理店で流血の惨事があっても熟睡している編集者、肥満なのに椅子の上でクルクル回っている編集者、私は会ったことがないが、Q^2マニアの女性など、人材には事欠かない。

こういう会社だから、私のような健常者は見ているだけで面白い。先日も晩飯時に編集部にいたら、常務が「トンカツ一切れくれたら給料上げるぞ」と平社員に頼んでいた。楽しそうな会社でしょ。

この常務が最も変態度が高いとも言われている。この人の性的な屈折を書くと、この連載三十回分くらい使わなければならなくなるので、ここでは飛ばすとして、今回の主人公は冒頭に登場した、チンコ病とともに生きる『マニア倶楽部』のFである。

彼が最初にチンコ病になったのは十九歳の時。排尿時に痛みがあり、やがて血尿も出始める。血尿と言っても、小便が赤みを帯びる程度だったのでほっといたら、やがて小便がウミのせいで白濁してきた。よく見ると糸のようなものが混じっている。それでも数日間、我慢しているうち、今度はちょっとした動作をするだけで小便が漏れるようになり、パンツが濡れてしまうのはまずいと、ようやく病院に行った。

医者はFのケツの穴から指を入れて検査し(触診というヤツだ)、前立腺炎であることが判明。前立腺をやられると精液が作れなくなる可能性もあるため、まだ若い彼の身体を気遣って医者は入院を勧め、それから十日間入院。チンコで十日も入院ですよ。

原因は緑膿菌というものだったそうだ。

「風俗なのか、ナンパした行きずりの女から感染したのかわからない」というように、彼は十四歳の時から三十代になった現在まで、素人、玄人問わずヤリまくっている。前立腺炎ごときでライフスタイルを変えるわけもなく、その後、三和出版に入って、公私ともにヤリまくり続けている。マニア雑誌では、撮影でセックスし、読者サービスとしてマニア女性とセックスし、プライベートで風俗嬢や恋人とセックスするのが正しい編集者のあり方である。

こういったマニア誌には、女性自ら、電話をしてくることがある。日常生活では満たされない欲望を編集者相手に吐き出そうとするのだ。電話で相談したり、テレフォン・セックスするだけのもいるが、編集者相手にセックスしたがるのもけっこうな数いる。こうした女性と編集者がハメるのは読者サービスであると同時に、写真に撮って誌面に出したりもするので、立派な雑誌づくりの一環でもある。

編集部にいると、「今からセックスしてきまーす」と編集者が出掛けていく。たまーに美人さんがいるそうだが、だいたいの場合はそそられない女性のため、これはこれでなかなか大変な仕事である。

アナル部長の体験。女性読者からの電話に出たら、相手は四十代だという。ちょっと年齢に難があるが、四十代だってきれいなのはきれいだ。モデルをやりたいというので、さっそくアナル部長は出掛けていった。会った瞬間、凍りついたアナル部長である。とうていモデルには使えず、道端で写真だけ撮って逃げるようにアナル部長は帰社した。その写真を見て私も凍りついた。サンダルはいた、きったないおばちゃんである。おばちゃんというよりおばあちゃんと言った方がいい。恐らく六十代だろう。サバを読むにもほどがある。七十歳に手が届かんとするうちのお袋の方がよっぽどきれい。

さらには、こんな心温まるエピソードもある。Fと前出の躁鬱病のEは北海道出身だ。ある日、読者のマニア女性から『おもらし倶楽部』編集部に電話があった。その電話に出たEは、彼女と会うことになる。

たいしてかわいくはなかったが、Eはその女性とセックスをする。セックスしたあと雑談していたら、彼女も北海道出身であることがわかった。

「オレは室蘭なんだよ」

「あら、アタシは旭川なの。今は東京でOLをやっているんだけどね」

「隣の編集部に旭川出身のヤツもいるよ。Fというんだけどね」

「えっ、FってF君のこと?」

なんと彼女はFの高校の同級生だったのである。こんなことってあるんですねぇ。因に私も小学校の時に旭川にいたことがあるので、よーく調べてみると、彼女は私の同級生の妹だったりするかもしれない。

話を戻して、Fのチンコについての話だ。彼が二十四歳の時、今度は淋病になった。この時も血尿を出し、小便まで漏れるが、忙しくて病院に行けず、最後は血の固まりが尿道から出ていたというからすさまじい。しかし、淋菌は抗生物質ですぐ治癒するから（最近はスーパー淋菌なる強力な淋菌も登場しているが）、この時は二日で治癒。

それから一年後。オナニーをしたら、異様な熱気を感じた。おかしいとは思ったが、この時は小便が漏れるわけでもなく、病院にも行かずに相変わらず風俗に行き続けた。三カ月ほどすると、精液に片栗粉が入っているようになり、粘度がなくなる。さらに、ピンク色の精液が出るようになる。血が混じっているのだ。そして、チンコの中にトサカ状の異物ができているのを見つける。

「僕のチンポは異常なので、中がよく見えるんですよ」というので、編集部でチンコを見せてもらい、写真も撮ったんだが、彼のチンコは尿道下裂という奇形だ。重い尿道下裂には、チンコの胴体がパックリ開いて女性器のようになっているケースもあるらしいが、彼の場合は一見普通のチンコながら、尿道口が亀頭の裏スジ部分まで裂けており、尿道とは別に精液が出る口が開いている（と言ってもよくわからんだろう。写真を見せられれば一目瞭然なんだが）。これなら精液が通る穴がよく見えて、中に異常があった場合に発見が容易で大変便利。

実はこのチンコを見て初めて、精液が通る道と尿道とは、亀頭のすぐ下のところで合流していることを知った。チンコの構造を見るのにも大変便利だ。でも、こんなチンコだから、粘膜に直接菌がつきやすいんだろう。

Fはこの開いた精道の奥にトサカ状のものを見つけたのだが、それでも放置しているうち、突起は数を増やしていき、最後は亀頭にまでその突起ができた。Fが「オレは大丈夫だろうか」と編集部でチンコを見せて回ったところ、編集者たちは「大丈夫じゃないだろ。すぐに病院に行け」ということになった。

診断の結果は尖形コンジローム。必ずしも性的行為で感染するわけではないが、彼の場合は必ずといっていいくらい性的行為であろう。

「焼かなきゃダメだね」と医者は言う。彼はケツを出して四つん這いになり、尾骶骨に麻酔注射を打たれ、女性器の診察、治療をする時のように台の上で仰向けになって突起を焼き切り、あとは薬で治療。

「看護婦三人の前で四つん這いになったのは屈辱的でしたよ」というが、そんなこと言っている場合じゃない。ほっとけば、チンコ全体がトサカに侵食されて腐れるところだったのだ。

手術後、チンコを包帯でグルグル巻きにされ、尿道にはカテーテルを突っ込まれた。医者はそれぞれ一ミリから二ミリの摘出した患部五つをガラスケースに入れて、「これがコンジロームだ」と見せてくれたそうだ。カテーテル・プレイに加えての羞恥プレイ。

この時も病院に一泊しているので、彼はチンコ病のために二度の入院を体験している。「小便が真っすぐ飛ばなくなったら要注意」とFはチンコを失くさないための秘訣を教えてくれた。

そして、私が彼に「どうも尿道炎らしい」と話していたその時も、彼は尿道からウミを出していた。尿道からウミを出す男に尿道からウミを出す私が話を聞いていたのだ。

「たぶん今回も淋病だと思う。ピンサロでもらったんじゃないかな」とF。彼に比べれば、単なる尿道炎の私なんて全然なんともないですね。でも、同じことなら、単なる尿道炎でウミを出すより、女から淋菌をもらってウミを出す方がまだしもダンディな気がしないでもない。今年は頑張るぞ（注2）。

（97年3月記）

注1：その後彼女は退院したが、以前から「彼女の病気が治ったら、つまらない」と言っていた通りに、退院して間もなく別れた。

注2：尿道炎が治ってからも全然頑張らなかった。

追記：なかなかウミがとまらなかったため、この話を聞いた際、Fに淋病の抗生物質をもらい、数日間服用したのだが、まるで効果がなかった。淋病と尿道炎の薬はやっぱり違うらしいのだ。しかし、それから二週間か三週間ほどして、なんとなくウミが出なくなり、以来、発症しておらず。小便効果だろうか。しかし、クラミジアや淋病は何度もやっていて、コンジロームもやった。

◆ゲラー武田

三和出版『お尻倶楽部』編集部の武田新一郎の名前を出したところ、武田君は、愛読誌『BURRN!』に名前が出たと大喜びし、その号は二冊も購入したそうな。どっちみち武田君は毎号買っているので、これによって『BURRN!』の部数は一部増大。私としては褒めたつもりはまったくないのだが、「ありがとうございました」とお礼まで言われてしまった。

「どうしてそんなに喜ぶのか」と周りに聞かれた武田君、「だって、裏はマーティ・フリードマン（注1）のページですよ」と答えていた。

だからどうした。

「あのマーティ・フリードマンを踏み付けているんですよ、僕は」

人間は、いろんな考え方ができるものである。

では、再び『BURRN!』の部数を一部増やすため、武田新一郎を全面フィーチャーして、武田とは何か、ゲロとは何か、人間の性とは何かを考えてみたい。

人はどうしても自分の性を絶対視し、それを基準にして他者を語ろうとする傾向がある。「女の体はこんなにエッチだ。だから、女に性欲を抱くのは当然だ。男に欲情するなんて考えられない。だから、ホモは異常だ、変態だ」ということになる。しかし、ホモに言わせれば「男の体はこんなに魅力的。異性愛はつまらない、理解できない」ということになるわけで、自分にとって自分の性が絶対であることはいいとして、他人にとってもそれぞれの性が絶対だと認めていかなければ、自分の性が他人に認められることもない。

今ではしばしば変態呼ばわりされることの多いこの私も、ほんの十年前まで自分が世界の標準だと信じて疑っていなかった。男というものは、誰でもクンニしたり、足の指をなめたりするのが何より好きだとばかり思い込んでいたのだ。風俗に行ってさえ、女の子を感じさせることに熱中して、自分は射精せず、フェラチオさえしてもらわずに帰ってくる私のような人間は決して多くないことを知った時はちょっとショックを受けた。

以来、私は「自分はこうなのだ。それ以外の性のあり方は正しくない」という考えを完全に放棄し（それまでもあんまりそういうところはなかったが）、いろんな性のあり方を自分自身で体験するようにしている。

他人の性を知るために最も簡単な方法は、自分もやってみることだ。私もずいぶんいろんなことをやってきた。女装をしてみたら、意外にも自分の中に、それを快とする部分があって、やらずにはいられないほどではないが、今では十分女装する気持ちが理解できる。

でも、自分でやってみようとさえ思わないものもある。その筆頭がスカトロ。スカトロ・ビデオを見てモリモリ飯を食うことはできるし、現場を見ても全然へっちゃら。また、「こういうウンコがマニアさんは好きなんだろう」というところまで理解しつつあるが、私自身がウンコで欲情することはできない。仕事をしているくせに、『お尻倶楽部』のような雑誌では勃起しないのだ（オシッコはまだわかる。特に女性が着衣のままオモラシするのは好きだし、欲情もする）。

ウンコやゲロを体になすりつけたり、食ったりすれば、突然自分のスカトロ能力が開花するのかもしれないと思わないではないが、開花したくないとも思う。

したくもないことをしなくていいわけだが、他人を理解しようとする姿勢だけは持ち続けたい。前振りが長くなったが、以下、武田新一郎の話をよく読んで欲しい。その上で、イヤでしょうけど、皆さんも彼を理解してやっていただきたい。

前の原稿では「ウンコが好き」と武田君を紹介したが、どちらかと言えば彼はゲロが好きだ。

「もとはウンコが好きだったんですよ。小学校の時から、女の子と駅前でシックスナインの格好をしてウンコを食べ合う夢をよく見てました。当時の夢なんてあまり覚えていないのに、あの夢だけは鮮明に覚えている。そういう夢を見て、性的な興奮があったわけではないんですけど、汚い夢というのでもなく、楽しい夢でした」

性的興奮の有無を問わず、ウンコを食う夢なんてまず見ないんじゃなかろうか。しかも、駅前でシックスナインして。

「今、改めて考えれば、子どもの頃からスカトロの資質があったんでしょうね」と武田君は振り返る。改めて考えるまでもなくそうであろう。

そして、高校の時にスカトロ・ビデオを見て、「わいの欲しかったんはこれなんや」と叫び、自分のスカトロ嗜好をはっきり認識した。以来、当時はまだ数少なかったウンコ・ビデオを渉猟し、SM小説にスカトロ・シーンを見いだしてはセンズリこいていた。昨今は「ウンコはウンコ、SMではないのだ」とばかりに、SMからスカトロは独立しつつある御時世だが、この頃はまだSMの中でしかスカトロは語られていなかったのだ。

「僕も自分がSMマニアだと信じていたんですよ」と武田君。

SMでのスカトロは、M側の女（または男）の恥ずかしい肛門に浣腸をし、ウンコを我慢している姿に欲情する。ここでのウンコは屈辱を与える道具でしかなく、ウンコ自体は見たくないから、最後はトイレに行かせる。あるいはウンコをするところまで見るとしても、「こんな汚いものをオレ（私）の前でしやがって、このメス豚（オス豚）めが」ということになる。御主人様（女王様）のウンコを食う黄金プレイも「ウンコまで食っている情けない私（オレ）」という構図で興奮する。つまり、SMにおけるウンコは、あくまで汚いもの、恥ずかしいものでなければならない。

こういったSM的な意味でのスカトロでさえも嫌うSMマニアも多く、自分のことを棚に上げて「スカトロ・マニアは変態だ」と嫌悪する人までいる。

一方、邪心なきスカトロ・マニアは、そういった構図なくして、ウンコをする姿やウンコそのものを積極的に愛でるのである。現実には、そうきれいに分けられるわけではないが、両者は似て非なるものなのだ。

武田君も、やがて「わいはSMが好きなんじゃなくウンコそのものが好きなんや」と悟る。さらに、大学の時にゲロ・ビデオを初めて観て「ウンコもええけど、ゲロの方がもっとええな」と気づき、付き合っていた彼女に、ゲロを体の上に吐いてもらい、彼はすっかりゲロの虜。

「女の子はウンコよりもまだゲロの方がいいみたいですね。彼女はスカトロの気がなかったとは思うけど、ゲロをオレの体に吐くのは楽しかったみたい」

ゲロの方がいいにしても、ウンコはウンコで好きなため、『お尻倶楽部』の編集者になりたくて大阪から上京する。エロ本の現場は仕事の空気が満ちているため、まず勃起なんてしないものだが、編集部に入って間もない頃、武田君は、放尿や脱糞シーンを撮影している時に、ギンギン勃起していてズボンをふくらませていた逸話がある（注2）。

ところが、仕事でウンコをイヤというほど見ているため、今ではウンコへの愛情が薄くなってしまっている。

「最初は撮影でも興奮したけど、何事も仕事になるとあきませんわ。それに、ビデオや写真や小説と違って、本物は臭い。ニオイはどうもいただけません」

ウンコが臭いのは当たり前なんだけどなあ。中にはニオイまで愛好するマニアもいるが、武田君のように、ウンコはいいが、ニオイがダメという人は案外多いものだ。その点、ゲロは胃液のニオイくらいで、これも十分臭いが、ウンコほどの嫌悪を催さない。また、『お尻倶楽部』にはゲロの撮影がないので、ゲロは武田君にとって純粋な趣味として魅惑的存在であり続けている。

それにしても、なぜゲロかという疑問を誰しも感ずるところだろう。しかし、これは愚問というもの。なぜ女性のふくよかなおっぱいやお尻によって性的興奮が喚起されるのか、誰も説明なんてできず、説明できなくても興奮する。これと同様、武田君にとっては、ゲロで欲情する自分がいるだけのことだ。

武田君が何度もヌいた、安達かおる監督のAV『ゲロゲロ』(V&R)を私も見たのだが、どうしてヌケるのかさっぱりわからない。あまりかわいくない女の子がたんまりメシを食ったあと、口の中に手首まで突っ込んで大きなスープ用の金属容器にゲロを吐く。溜まったゲロを小皿に入れて食い、しばらくしたらまたゲロを容器に吐く。これの繰り返し。ゲロ・ビデオによくあるパターンだ。このあとゲロまみれで男優とからみ、セックスしながら吐くのだが、ほとんどすべての人は、いくら裸のからみがあっても、ゲロを吐かれたのでは性的興奮は得にくい。

「武田君、君は一体あのビデオのどこでヌいたのかね」と聞いたら、「ゲロを吐くところに決まっているじゃないですか」と答える。ゲロまみれでからむのもいいのだが、武田君は、女性が吐くところを見るだけで十分エロを感じられる。

「でも、男がゲロ吐いてもダメですよ。あれは単に汚いだけ」

わけがわからんようにも思えるのだろうが、武田君はゲイじゃないからこれでいいのだ。いくら女性のふくよかな胸が好きな男だって、相撲取りのおっぱい見て興奮しないのと一緒である。

さらには武田君はゲロそのものを愛す。もし美女が「私のゲロよ」とビニールに入れたゲロをくれたらどうするかと聞いたら、武田君は躊躇なくこう答えた。

「もらって帰って、体に塗りますわ」

中身はオヤジのゲロかもしれないが、その女のものだと信じられさえすればよい。男がはいたものかもしれない使用済み下着を買う人がいるのと一緒である。あるいは相手が女装した男であっても、女だと思えている間は欲情できるのと一緒。

しばしばスカトロ・マニアは、ウンコ以外の体液や排泄物全般に興味が向かうもので、彼もまたそうだ。

「愛液や唾液はもちろん好き。鼻水もいいですよね。汗だくになっている女の子を見ると抱き締めたくなります」

世の中にはいろんな人がいて、屁や鼻糞、耳糞が好きという人までいる。また、『お尻倶楽部』の編集部には、歯くそが好きな編集者もいる（口の中を見られるのは恥ずかしいと語る女性はよくいる。だからこその口の中であり、歯くそなんだろう）。

「それはわからんわ。歯くそのどこがいいんやろ」と武田君。歯くそマニアも武田君に言われたくなかろう。

考えようによっては、歯くそやウンコのマニアよりゲロ・マニアの方が幸せだ。歯くそをくれる女の子などまずいない。歯医者や耳鼻咽喉科、内科の医者にでもならない限り、歯くそがついている口の中を見せてくれるのはいない。ウンコをしているところを直に見ようとすればトイレ覗きするしかなく、どうしたって犯罪に近づく。しかし、ゲロ・マニアは、電車の中や路上でゲロを吐いている女の子を見ることができる。

「この間、電車の中で携帯電話を使っている中国人女性がいて、電話を切ったと思ったら、突然ゲーッと吐いたんですよ。あれはよかった」と武田君はウットリ。

九十九％以上の人は、ゲロから目を逸らし、その場から遠ざかるわけだが、武田君はさりげなく近づいて目を爛々と輝かせるのである。

「でも、親切のフリをして、新聞紙をかぶせてしまうオヤジとかがいますからね」

それはフリじゃなくて、本当に親切。武田君も親切なフリをして、「大丈夫ですか」と言いながら背中をさすってあげ、間近でゲロを見ればいいのに。武田君は勃起しているわけだが、周りから見ればむちゃくちゃ親切。ついでにハンカチで口を拭ってあげれば、うちに帰ってハンカチをなめることもできる。

「本当はそうしたいんだけど、ウンコやゲロを好きであることを素直に認められないところがまだあって、なかなかそういう行動には出られない」

自分の嗜好は他人に認められにくいことを武田君はよく知っている。認める以前に、ゲロ・マニアなる存在がこの世にいることさえほとんどの人は想像もできないのだから、単なる親切な人と思われるだけだろうが、万が一、ゲロを吐く女性に近づいて、自分の性癖を見抜かれることも彼は恐れている。

ゲロが好きであることを認めるまで、彼自身、時間が必要だったのも、恐らく自分で抑圧していたためだろう。ゲイでもＳＭでもなんでも、社会的な抑圧を受けている性的嗜好を持つ人がそれを自覚するにはそれ相応の時間や契機が必要で、認めたとしても行動するまでにはまた幾重もの壁がある。三和出版のような会社だから、彼は堂々そのことを話せるが、それでもまだ行動を起こすにはためらいがあるらしいのだ。

「僕もまた社会的学習をしてきているから、ウンコやゲロが汚いと思っているところがある。事実、ウンコは細菌が入っていて汚いわけだし。ウンコよりはゲロの方がいいのはそういう知識によるところもあるかもしれない。ゲロはさっきまで食い物だったわけで、先入観さえ取り除くことができれば、八割の人はゲロの魅力がわかるはずです。みんな、ゲロを浴びたことがないからわからないだけなんですよ」

彼もまた自分の性的嗜好を絶対的なものと考え、自分にとってあれほど魅惑的なのだから、他人もゲロの魅力が理解できると信じている。

「確かに抑圧している人はまだまだいると思うが、八割は多すぎるだろ」と私。

「じゃあ、七割でもいいですけど、松沢さんも自分でゲロを浴びてみると、よくわかりますよ」

「わかんないと思うけどなあ。それじゃあ、君の場合は、ゲロを浴びる前にはゲロで興奮しなかったのか」

「いや、してた」

ゲロを浴びる前からゲロ・ビデオで興奮し、ゲロを浴びたいと思い願ってきた武田君と、ゲロを浴びたいなんて決して思わず、ゲロ・ビデオで興奮できない人間はやっぱり違う。ゲロを浴びても私は何も感じないと思う。

「そんなはずがないですよ」とあまりに武田君が力説するので、一度ゲロを浴びてみる必要があるな、と思い始めた私である。

それによって、私もゲロの魅力がわかったなら、武田君と一緒に毎夜、渋谷、新宿、池袋を徘徊し、ゲロを吐いている女性を観察しに行く。もちろん我々は親切だから、介抱し、ゲロを回収する。さらには「お嬢さん、僕らの口の中にどうぞ」と、二人で口をあけてゲロを受け止める。こうすれば、清掃する手間が省けて、都の清掃局から感謝状をもらってもいいくらいのものだ。

武田君の夢は三和出版でゲロ専門誌を作ること。しかし、マニア誌をたくさん出している三和出版でも、ゲロ専門誌の可能性を認めてくれる人はほとんどいない。

「ダメですかねえ」

ダメだろう。いくらなんでもマーケットが少なすぎる。

「だって自分以外のゲロ・マニアに会ったことある?」と私は聞いた。

「ないですね。でも、雑誌ができれば、もっとマニアは増えますよ。スカトロ雑誌だって、前はまさか成立するとは思われなかった。でも、『お尻倶楽部』は成功したじゃないですか」

武田君がビデオを見たことによってゲロ・マニアである自分に気づいたように、確かに、雑誌ができることによって、自分の嗜好に気づかされる人はたくさんいるだろう。しかし、もし、この雑誌が成立してしまったなら、ゲロまで仕事になってしまい、武田君は辛くなってしまうのではないか。

「そうなんですよ。そこがこの雑誌の難点なんです」

雑誌を出す前から苦悩する武田君であった。

（97年5月）

注1：マーティ・フリードマンは、メガデスのギタリストで、日本語を話したり書いたりもできる大の日本びいき。『BURRN!』では私の連載のちょうど真裏で「Notes From The Other World」という連載エッセイを書いていた。

注2：その後、私も立ち会った撮影に来ていたモデルさんは、写真を撮られると感じてしまうタイプで、マンコがグチュグチュになっているのを見た武田君は、「もう、たまらんわ」と言いながら、モデルのマンコをいじって嫌がられていた。あの男、ウンコじゃなくてもすぐに理性を失う。

追記：九七年暮れに行われた『お尻倶楽部』の忘年会の二次会で、ゲロ雑誌の可能性が論じられた。武田君以外に「可能性はある」と語る関係者は二人いたが、その場にいた他の五、六人は否定的だった。私も否定派に入る。恐らくウンコ・マニアの十分の一程度しかゲロ・マニアはおらず、『お尻倶楽部』の十分の一の部数では、商業誌として成立しまい。

◆身体改造

皆さん、火傷は好きですか。私は嫌いだ。だいたいの人が火傷は嫌いだろう。でも、望んで火傷する人が最近多いんですよ。

ボディピアスやタトゥなどの身体改造がどんどん加速し、今の流行はブランディング。もとは焼き印のことで（ブランド商品のブランドも焼き印の意味）、火傷させて皮膚に模様をつけるのだ。

この間会ったマゾでなおかつ身体改造マニアの男性は、体中にピアスがある上に、二の腕に女王様の名前をブランディングしてあった。これは焼いた金属を押し付けて作る原始的なやり方によるもの。ブランディングにはレーザーによる方法もあり、こちらはより細かい火傷痕を作れる。

体質ややり方によるのだが、一回のブランディングでは皮膚の色が変わる程度で終わることがあるので、彼は同じ箇所を繰り返し焼いて、見事に皮膚を盛り上げていた。あれなら一生消えまい。

あるいはスカリフィケーション。これは皮膚を切ることで傷痕を残す。これもカッターやカミソリで軽く切っただけでは間もなく治ってしまうので、何度も同じ箇所を切る。いろいろ技術があるにしたって、やっぱり火傷の痕と傷痕であって、個人的にはタトゥの方がずっときれいだと思う。しかし、もはや見た目がどうこうという範囲ではなくなっていて、他人がどう思おうが自分の身体をいじりたい、人がやっていないことを世界で最初にやってみたいという身体改造マニアの熱意はとどまることを知らない。

尿道を切開している人もけっこうな数いる。前に尿道下裂というチンチンの奇形について書いた。生まれるまでに胎内で閉じていなければならないチンコの裏筋が閉じておらず、精液が通る精道や小便が通る尿道がパックリ口を開いているのである。これを人為的に作り出す人達がいるのだ。身体に手を加える快楽とともに、裏筋を切ることで亀頭が開いて、より大きなチンチンを得られる。これをサブインシジョンと呼ぶ(インシジョンは切開のこと。サブインシジョンは性器切開一般に使われる言葉なのか、チンコの裏筋の切開に限った用語なのか不明)。

先天的尿道下裂の編集者Fがそうであるように、粘膜が外にさらされるために性病感染の危険が高まるが、コンドームをすればいいだけのことだから、たいしたこっちゃない。さらに、チンコの根元まで切開すると精液が遠くまで飛ばず、尿道までを切開した場合は小便も真っすぐ飛ばないといったデメリットもあるが、チンコにピアスをしたって、精液や小便は真っすぐ飛ばなくなるのだから、これもたいした問題ではなく、精液が遠くまで飛ばなくなれば、妊娠もしにくく好都合と言えなくもない。

裏筋を切るだけでなく、チンコを根元まで二つに切り裂いている人の写真は海外のボディアート関係の雑誌などで見ていたが、さすがにこれをやると二度と勃起、挿入はできない。対して裏筋を切るのは勃起、挿入、性感には支障がなく、電気メスで切るだけのため、身体改造の中でもポピュラーな手法ということである。

オーストラリアの先住民アボリジニでは、女性の月経を模して、チンチンに切れ目を入れ、毎月血を流す風習があるのだが、実はこれも裏筋を切る。アボリジニにとってサブインシジョンは珍しくもなんともないものなのだ。

アボリジニがそうであるように、今でもあえて電気メスを使わずに、ナイフなどを使って、自分で少しずつ切開していく人もいる。ケツの穴を拡張していくマニアさんがそうであるように、あるいは鼻や耳のピアスもそういう快楽があるように、拡大していくことの達成感を快楽とする人たちにとっては、電気メスで一瞬にして切開してしまっては面白くないのだろう。

また、日本では、この行為は医療行為だから、医者じゃない人がやってはいけないし、もしかすると、医者であっても正当な医療行為とは認められなかったりするかもしれないので、日本でやっている人は皆さん自分でやっているそうだ。

これを筆頭に、身体改造というもの、決して新しい行為ではない。入れ墨もピアスも古くからあり、タイの首長族、中国の纏足を筆頭に、人間はずっと体をいじくり回してきたのだ。アフリカ大陸には、陰唇を延ばす種族がいて、これは白人から女性の身を守る意味があると聞いたことがある。このように防御だったり、まじないだったり、強さの証明だったり、子供と成人の区別だったり、それぞれに意味はある。日本では、囚人に入れ墨をした歴史がある。また、鉄漿《おはぐろ》も身体改造のようなもので、あれは既婚、未婚を区別するものだった。それらが今の時代に蘇るには今の時代なりの意味があるわけだが、いずれにしても、さほどたいしたこっちゃないようにも思う。

これらの話を教えてくれたのは、身体改造について、日本で最も詳しい人物の一人、フリー編集者の前田亮一氏で、自らの身体にタトゥ、ボディピアス、ブランディングをやっていて、まだ日本には五人しかいないインプラントも処置済みである。インプラントとは歯の治療などでも使われる用語だが、金属やテフロン樹脂を体内に埋め込むのだ。さすがにインプラントは、歴史上、どんな民族もやっていない。

インプラントを開発したのはスティーブ・ハワースという人物で、現在この処置をやってくれるのは彼しかおらず、前田氏はスティーブ・ハワースがいるアリゾナまで行き、額にインプラントをしてもらった。傷痕がわかりにくいように額の毛の生え際を剃り、そこをメスで開いて、皮膚と頭蓋骨の間に、直径三ミリ程度のテフロン樹脂を入れ、それを眼窩のすぐ上にまで降ろす。ピアシングやタトゥとはレベルがまったく違い、一時間を要するちょっとした手術である。

もちろん麻酔を使うが、それでも一週間ほどは頭痛がひどかったそうで、その点でも、気楽にはできないワザだ。わずか数年しか歴史がないため、こんなことして人体に悪影響が出ないのかどうか、まだまだ未知の部分も多い。

今現在も前田氏の額には二つの突起がある。大きなイボがある程度にしか見えなかったりもするが、本場アメリカではもっともっととんでもないインプラントをやっている人達がいる。腕に何個も突起が並んでいるのはまだ序の口で、頭部に金属のプレートを埋め込み、モヒカン状に金属の突起がいくつも飛び出ている人までいる。皮膚と頭蓋骨の間に何かを入れ込むだけでなく、頭から金属が生えているのだ。皮膚だけで支えているから、安定性がなく、この人物はいつもヘルメットをかぶり、医者の検査を常時受けている。そうまでして、どうして金属を頭から出したかったのか理解しにくいが、写真を見ると、改造人間みたいで、ちょっとステキ。

そして、今最も注目されているインプラターは頭から角を生やそうとしている人。金属やテフロン樹脂では骨と一体化しないが、珊瑚を使うと石灰質が解け出して頭蓋骨と癒着するのである。現在この人は少しずつ大きなものを頭部に入れて皮膚を伸ばしていて、最後は珊瑚を入れて頭蓋骨と一体化したところで皮膚を切り、角を皮膚から出す予定。これで本物の角のように頭部から角が生えた状態になり、しかも頭蓋骨としっかりつながっているので安定性もある。このリアルホーンは間もなく完成するらしく、世界の身体改造マニアが注目している。角が完成したら、ぜひ私も見てみたいとも思う。

この人は角が二本だが、角を何本も生やす人が出てくるに違いない。保護するのが大変だし、そんなことをしたがる人はいないだろうが、技術的には珊瑚をそのまま頭に生やすことだってできる。

私はやらないけど、ここまではまだしも理解できなくはない。前田氏によると、身体改造として手首を切り落とした人までいて、これはさすがに理解できない。切断用機械を自分で作り、まず足の指を切って実験、それで自信をつけて遂に念願の手首の切断を実践した。この人は、手首から先がない状態でチンコをいじってセンズリをしたかったらしい。もどかしい思いをするのがいいのなら、手を縛るなりすればいいんじゃないかとも思うんだが、そうしないではいられなかったんだろう。

病気になって初めて健康のありがたさを知るとよく言われるが、この人も、手首がなくなって初めて手首の有り難みを知るんだろうか。ねじれた感覚だが、存在を知るために存在をなくす。武道や気功、舞踏などでも、あまり意識しなかった自分の身体を意識することを鍛錬し、そのことが快につながったりするわけだが、その極端な例がこのような身体の切断ということになるのかもしれない。よくわからんですけどね。ヤクザが指を落とすのも、案外これと似ていたりして。

しかし、前田氏によると、こういった極端な身体改造をやる人は、ある種の病気だと言う。

「あってはならないものが体にあったり、なければならないものが体についてなかったりするような不全感を抱いているような人達だと思います。手首を切断した人も、もしそうしなければ、人を殺しかねないような人物らしい。性同一性障害みたいなもので、もともと手首が自分にはあってはならないと思っていたんでしょう」

性同一性障害というのは、本当は男に生まれるはずだったのに、間違って女に生まれたような人。あるいはその逆。自分の性のアイデンティティと肉体が一致していない。すべてがそうだというわけではないが、オカマやオナベのような人達だ。だとしたら、手首から先がある状態は苦しかっただろう。

前田氏自身は、頭蓋骨に穴を開けたいという。脳外科の手術では、よく頭蓋骨にドリルで穴を開けたりして、さほど珍しい手術ではなく、専門家がやれば危険ではないだろう。何故そんなことをしたいのか。頭蓋骨に穴が開いているはずなのに、という病気なのか。

「いや、額に穴を開けると、頭がすっきりするらしい（笑）」

サロンパスみたいなもんだな。確かに密教では、修行の果てに額に穴が開き、第三の目が開くとされていて、その状態を人為的に作ることになるのかもしれない。

「あと、整形外科の世界では、翼を作ることもできるとされている。あばら骨を一本おきに外して、背中の方に開き、それに合わせて皮膚を伸ばすと、翼のようになる。どうしても自分は鳥に生まれるべきだったと信じ切り、人間の体に違和感を感じて苦しんでいる人はやってみるといいかも」

私は鳥じゃないけれど、これも是非誰かにやってもらいたいもんである。

ただし、気をつけていただきたいことがある。自分の身体だから、どうしようと自分の勝手だが、あとになって後悔する人が必ずいる。すごく美人の風俗嬢で、二の腕に「義」という下手くそな文字が入っているのがいる。「昔、義男という男と付き合っていたんだろ」と聞いたら、その通りだった。「早く消したいんだけどね」と彼女も言っていた。タトゥならある程度は消せるし、インプラントもすぐに取れるからいいが、腕を切断したら元通りにはならないので、皆さん、やる場合は、よく考えてからにしましょうね。

私だって、この連載、気づいてみたら不快なものばかり書くことになって、後戻りできないですもん。

（98年1月記）

追記1：身体改造に興味のある方は、前田亮一編集による『コンプリート・ピアス＆タトゥー・マニュアル』（コアマガジン）を参照のこと。また、この本のもとになった連載が同社の『ニャン2倶楽部』に掲載されている。尚、日本で一番身体改造に詳しい編集者は前田氏だが、日本で一番身体改造に詳しい研究家にして実践家は間宮英三氏で、ピアシングなどに興味のある方は、間宮氏が経営するヌーン（東京・渋谷）でご相談ください。

追記2：前田亮一氏には、『毎日新聞』でやっている対談の連載に出てもらった。よくも新聞が身体改造の話なんぞを載せたものだと思うが、この回は非常に反響が大きかったそうで、その後、『毎日中学生新聞』にまで転載された。

◆ゲロの吐き方

昨年十月のこと、JR山手線に乗り、シートに腰を置くや否や熟睡した。起きたらちょうど乗り換えの新宿だったのだが、微塵たりとも体は動かず、瞬時に眠りに戻った。次に起きたら大崎である。大崎が終点の電車だ。ホームは寒く、目を覚ますために自販機でコーヒーを買って、喫煙所でタバコに火をつけた。

ここに四人組のサラリーマン集団がやってきた。一人は二十代前半。背広姿がぎこちなくて、会社員一年目といったところか。一人は二十代末、一人は三十代前半、もう一人は三十代の末か四十代にちょっと入っているくらい。彼らは私のように寝過ごしたのでなく、大崎に会社があるのだろう。仕事のあと、同じ部署で飲みに行っていたと思われ、皆さん、大変上機嫌である。

最年長の塚本課長(仮名)が、新入社員の吉川君(仮名)に声をかけた。

「おい、大丈夫か」

吉川君は、メガネをかけ真面目そうな顔をしていて、タバコを吸っている三人とは二メートルほど離れたところにいる。彼はタバコを吸わないらしい。

「大丈夫かよ」と再度塚本課長は聞くが、吉川君は黙って頷くだけだ。

「あいつは今話ができる状態じゃないんですよ」と東係長（仮名）は塚本課長に言う。顔が赤くならない体質らしく、私もここまで気づかないでいたのだが、吉川君はこの四人の中で最も酔いが進んでいたのである。酔いが顔に出ない人は時に損をする。

吉川君は薄い笑みを浮かべ、またも無言で頷いた。吉川君の、笑みを浮かべた辛そうな顔が私は気に入って、彼らに見られないように顔真似をした。

「吐いた方がいいぞ」と塚本課長が言い、続いて東係長は「ここで吐くなよ」と言って、くわえタバコで吉川君の肩を抱いて、ホームの端に連れていこうとする。しかし、吉川君はホームの端に歩いて行くことさえ無理なくらいに酔っていた。

吉川君はようやく数歩だけ歩いてゴミ箱に顔を伏せ、その直後に吐いた。

直前まで肩を抱いていたくせに、吐くことを察知するや否や吉川君から離れて喫煙所に戻り、さらにはそこから目さえ逸らして遠くを見つつ、何事もなかったかのように東係長はタバコを吸っている。塚本課長もやっぱり遠くを見ている。あまり頼りにならない上司たちかもしれない。

その横で「イッキなんてするからだよ」と直属の上司である時田君（仮名）が叱った。

吉川君がイッキをしたのは、新入社員の心意気を見せようとしたのか。あるいは恋心を抱く二年先輩の寺島佳織さん（仮名）の前でカッコつけようとしたのだろうか。

時田君はその一言を言うと、どこかに走っていった。吉川君が吐くのを見て、彼も吐きそうになったのかもしれない。

「一度吐けば楽になるだろ」と塚本課長は吉川君の背中に声をかけるが、吉川君は頷きもせず、ただ呆然としている。

「いやー、どうですかね。この様子だと、まだ吐きますよ」と東係長。

相変わらずタバコをふかしながら、仕事のことのように塚本課長と東係長が吉川君の分析をしているのが妙におかしい。

吉川君はゴミ箱の両側に手をついたまま、ゲロが消えたゴミ箱の暗闇を見つめている。ここでも辛そうに笑っていて欲しかったのだが、さすがに笑みは消えている。

時田君が「天然水」の缶を手にしてやってきた。気をきかせて買いに走ったのだ。しかし、吉川君が吐いている場所のすぐ横に自販機があって、そこにも同じ商品は売られている。時田君も十分に酔っているようだ。

吉川君はそれを半分ほど飲み干すが、それ以上入っていかず、苦しそうである。

「電車の中で吐くとマズいから、全部吐けよ」と東係長が言い、

「気持ち悪いのに、吐けないのは苦しいですよね」と時田君が続き、

「そういう時は指を突っ込めばいいんだよ」と塚本課長が励ます。

「オレなんて、奥に突っ込みすぎて、よく喉を切って、血を流したもんだ。喀血かとビックリしたりしてな」

さすが課長はやることに迫力があって、「ははあ」といった様子で部下たちは聞いている。

「いやあ、吐いた時だけじゃなくて、風邪で咳をしても、すぐに喉が切れるんだけどな。喉の粘膜が弱いんだよ」

ゲロの武勇伝だと思ったのに、ガックリ。

「そうじゃなくて、喉ちんこを指でつまむようにするんだよ」と東係長もアドバイスするのだが、こんなゲロテクは初耳。普通は舌に沿って人差し指と中指を喉の下方に入れていくもんじゃないか。しかし、喉ちんこをつまむくらい思い切って奥に入れるという意味では有効なアドバイスかもしれない。

そんな先輩たちのアドバイスにもかかわらず、相変わらず吉川君は吐きそうになりながらも、指をあまり突っ込んでいない。社会人として素人なだけじゃなく、ゲロにも素人のようだ。大学で一体何を学んだのか。

それでも吉川君は指をゆっくり奥に挿入していき、時折、「オエッ」とむせている。

「そうだ、そうだ。だんだん気持ち悪くなってくるだろ。あとはゲロが出るところを想像するんだ」

東先輩のこのアドバイスは大変的確である。ゲロについては一家言ある私も忘れていたが、なかなか吐けない時は、すでに吐いた目の前のゲロをジッと見たり、ツンとするニオイを嗅いだり、奥からゲロが込み上げてくるカンジをイメージすると吐きやすい。吉川君のゲロはゴミ箱の底に沈み、ニオイは嗅ぎにくいだろうし、その姿も暗くてよく見えないため、ここではイメージゲロ法が有効だ。

残念なことに、ここで電車がやってきてしまった。彼らは反対側の電車なのか、あるいはこのままずっと吉川君のゲロにつき合うつもりなのか、誰も電車には乗らなかった。

その三日後。品川に向かって山手線に乗っていた。目黒で、すんげえ汚いオバハンが乗ってきて、私のほぼ正面に腰掛けた。五十代だろうか。目が怖い。よれよれのセーターにジャージっぽいスカートを着ている。パッと見でも十分汚いのだが、セーターやスカートが紺色のために汚れは目立たず、見れば見るほど汚いことがわかってくる。

右足はボロボロのサンダル、左足はボロボロのスニーカーをはいて、手にはスーパーの白いポリ袋を三つもっているが、透けて見えるのは、新聞の折り込みチラシのようなものだ。何に使うつもりだろう。

彼女は何かしゃべりながら電車に乗ってきて、席についても、しゃべり続けている。

「あんたたちはみんな知っているけど、コンビニに寄っていくんだよ。そうすると、あとになって困らないから」

そう言って、袋からトイレットペーパーを出し、片手にクルクルっと巻きつけて鼻をかみ、その紙も袋に入れ、すぐに独り言を再開した。独り言だけでも不気味なんだが、鼻をかむのと、時々片足を膝の上に乗せて、ふくらはぎをボリボリと激しく掻くのがたまらん。毛ジラミとかいるんじゃなかろうか。

当然、乗客は彼女の様子がおかしいことに気づき、私の隣の人はすぐに席を立った。もったいないな、こんなにいい素材が目の前にいるのに。酔っ払いのオヤジが独り言を言っていることはよくあるが、女性が、聞き取れるくらいの大声で独り言を言っていることは少ないものである。

彼女は、大変陽気に話し続けている。

「ケチやなあ。何かいいことあったの？　私も東急東横店の地下はよく行くけど、あそこは高いよね。みそ汁一杯百五十円。インスタントなのにね。自分でポットのお湯を入れて、葉巻くゆらせてさ。シラスに大根下ろしはおいしいよ。私はそれだけ。お金がないんじゃなくて、私は一点豪華主義だから、他は何もいらないの。気にしないで」

こういうことを脈絡なくずっーと話しているのだが、そのほとんどが食い物とお金の話題で、その点においてのみ統一感がある。

大根下ろしにシラスだけじゃ、一点豪華主義ではないと思うのだが、それぞれのフレーズは、つながりがありそうで、実はまったくないらしい。でも、彼女が東急東横店の地下で、葉巻くゆらせて百五十円のみそ汁とシラスを食っている様子を考えるとおかしくてしょうがない。

これを忘れてしまうのはもったいない。私はノートを取り出してメモを始めた。彼女とは時々目が合うのだが、こちらのことは視界に入っていないようなので、メモしたところで、からんでくるようなことはなさそうだ。

「ウッソー、私なんて勘が頼りだからさ、いつも電話するんだよ。あれっ、ここ品川?」

ここはひとつ手前の大崎。ゲロサラリーマンの駅である。彼女は品川に行くらしく、ここが大崎であることを確かめて、そのまま独り言を続ける。

「アジも好きだよね。ウィンナーは、こうやって作るんだよ。知ってた?」

彼女はそう言って、腸に肉をつめる手振りをする。その大きさからして、ウィンナーじゃなくて、デカいソーセージである。

「私なんて何十年も前に食べたことを今でも覚えているよ。おいしいよね」

私も弁当のオカズに入っているウィンナーが好きだったなあ、なんて何十年も前のことを思い出した。でも、彼女が言っているのはウィンナーのことかもしれないし、そうじゃないかもしれない。なにしろ三秒後には別の話をしているのだ。

「いくらって聞いたら、五万円だって。ずいぶん高いよ」

そんな高いウィンナーはないだろ。

「イカなんて安いよね、普通は」

なんだよ、イカの話かよ。あるいは腸の中にイカを詰め込んだウィンナーだろうか。なんていちいち彼女の話につき合おうとすると、頭が混乱してきて楽しい。こうも脈絡もなく話し続けるのはできそうでできない気もする。

「だから、十万円欲しい、十万円。〝いいの、十万〟って聞いたの。そうそう、ホントにもってったんだよ、南武線で。私は十二万五千円。ハリソンに言えばなあ」

ハリソンというのは誰かわからず。フォードだろうか。あるいは「春さん」だろうか。

やがて品川に着くと、彼女はさっさかと歩きだす。すごい早足で、このあとどこかに行かなければならない予定があったのか。ハリソンとデートかもしれない。

私は品川から蒲田に行って取材を済ませ、その帰りにまた山手線に乗っていたら、原宿でヴィジュアル系のコンサートの帰りなのか、髪の毛を青やら緑やらオレンジやらに染めた男女六人が乗り込んできた。どうやらあるバンドのことを話しているよう。

この時、私はシートの端に腰掛けていて、ドアの横にいたおたくっぽい若い男が独り言を始めた。これも聞き取れないのだが、そのヴィジュアル野郎たちに、何か文句を言っているらしい。「ワケのわからない格好をしやがって。緑色の髪の毛なんてカッコよくねえんだよ」なんてところか。しかし、彼のすぐ後ろにヴィジュアル野郎たちがいるので、大きい声では言えず、わざわざ体を彼らと反対側、つまり私の方に向け、彼らが何か言う度、それに反論するようにブツブツ言っているのである。私の耳のすぐ上でブツブツ言うので、耳障りでしょうがない。聞かれるとマズいなら言わなきゃいいようなもので、私にとっては独り言の男の方がワケがわからない。

ここで私も「ナニ独り言を言っているんだよ。おまえの方が気持ち悪いんだよ」と独り言を言えばよかったのかもしれないが、あいにく独り言のクセはない。

でも、電車に乗ると、すぐに寝るクセがあり、このあと小田急線に乗り換えて寝てしまった。目が覚めて、うっかり寝過ごしたと思って立ち上がり、ドアに向かい、「すいません」と言ったのに、目の前にいたデブの男がよけようとしないので出られず、ドアが閉じた。ここで気づいたのだが、まだ下北沢で、私が降りる豪徳寺駅は三つも先である。リゲインのCMの佐藤浩市みたいなもんだ。

ああ、よかったと安心したのだが、間違って降りようとしたことを悟られるのがイヤで、私は次の世田谷代田駅で降りた。

終電間際だったため、なかなか電車が来ず、これでは寝過ごしたのと一緒じゃねえかと、再度あのデブを恨んだ。ホームのベンチに一人腰掛けているうちに、ふと思い出して、口に指を突っ込んでみた。指を入れると、喉の奥が広がって、喉ちんこは上に上がってしまうので、なかなかつまめない。飲んでもいないのに、すぐに吐きそうになった。正しいアドバイスなのであった。

（2001年1月記）

追記：本原稿のみ『ガロ』の連載「ヘビのとぐろとエロとグロ」に掲載されたもので、単行本未収録。

あとがき

ドイツにマニ・ノイマイヤーというドラマーがいる。私がジャーマン・ロックに狂っていた高校時代にもう活動していたから、ベテラン中のベテランだ。彼が率いるバンドが「グルグル」。そして、この本は『ぐろぐろ』。本の内容には何ひとつ関係ない話から始めてみました。

もともと私がライターとなったひとつのきっかけは音楽関係の仕事をしていたことにある。そういったことも関わって、バーン・コーポレーションの親会社シンコー・ミュージックとの付き合いは古く（ライター以前に、コンサートのプロモーションでよくお邪魔していた）、その付き合いの延長で、『BURRN!』でも連載をすることになった。違ったっけな、よく覚えてねえや。

この連載、私のライター生活の中では、ゴタゴタとともに消えた情報誌『シティロード』でやっていた連載と並んで、もっとも読者からの反響が多い。『BURRN!』の読者は本当にありがたい。

『S&Mスナイパー』の仕事で会った学校教師のM男さんは『BURRN!』の読者で、いつもこの連載を読んでくれていると言っていた。その後、お元気でしょうか。

私というライターをまるで知らないらしき吉原のソープランドのマネージャーがメタル・ファンだというので、「『BURRN!』でも書いているんですよ」と言ったら、「ああ、『アナルは負けず嫌い』ですか」とすぐにタイトルを口にしていた。私の存在を認知していなくても、連載は読んでくれていたのだ。「ファンです」などと言って名前で原稿を読んでくれている読者より、内容で原稿を読んでくれている、こういう読者の方が数段ありがたい。ファンなるものほどあてにならないものはないからな。

読者からは何度か「単行本にならないんですか」との声をいただいたが、コラムニストなる肩書を嫌悪する私は、そのような扱いをされないよう、ここまでエッセイものの原稿を単行本にすることを控えてきた。

やがてコラムニスト時代は去って、私に短文エッセイの依頼をする雑誌は減り、そろそろ単行本にしてもいいかと思ったが、こんな時代に、エッセイものの本を出してくれる出版社はない。エッセイものに限らず、私の単行本を出す出版社など、この二年近く一社たりともありはしなかった。この間にすっかりライターとしての自信を失いましたぜ。

しかし、ロフトブックスが販売上の諸事情から、この五月までに単行本を出さなければならなくなり、「松沢だったら、他の出版社では決して単行本にしない腐れ原稿を持っているだろう」とお声をかけてくれた。そりゃあ、十数冊は軽く作れるだけの腐れ原稿ストックがあり、売れなくてもいいので、とにかく本を出さなければならない時だけは活躍の場があろうってもんだ。

すでにライターとしての能力に絶望している私でありますから、いまさら単行本づくりに手間暇をかける気力はなく、あっという間にまとめられるものとして、『BURRN!』の連載を本にすることにした。

この連載に限らずだが、まず書きたいだけ書き、それから文字数に合わせて削ったり、二回、三回の掲載に分けるのが我が執筆方法。この連載では、削ったり分けたりする前の原稿も九割方保存してあり、それらを読み直して注をつけるだけの作業のため、わずか三日で原稿をまとめ終え、このあとがきは作業開始から四日目に書いている。

原稿を書いた日付を見ていただければわかるが、この連載は、毎月毎月書いているわけでなく、書ける時に書けるだけ書いており、常時一年以上先の原稿まで書き終えている。編集者は催促をする必要がないため、現在の担当者とは、会ったことが一度もなく、電話で話したことも確か一度しかない。こういう仕事の仕方はよくないようにも思うが、打ち合わせる必要などないので、これで特に支障はない。

こんなことをやっているために、雑誌に出すにはネタが古くなって、掲載されないままになってしまうものがある。今回は掲載されなかった原稿も何本か収録したので、『BURRN!』読者が読んだことのない原稿もあるはずだ。読者サービスということでひとつ楽しんでくださいな（どの原稿が未掲載なのか調べるのが面倒だったので、わかったもの以外は明記していない。恐らく五、六本あるはず）。

ここまで書いた原稿すべてを収録することはできず、ここ最近掲載されたものを中心に、未収録原稿が二十本以上出てしまったため、あと一年半もすれば、『ぐろぐろ2』が作れるだろう。

エッセイものは取材し直したり、資料を調べ直す手間がいらず、こんなんで印税もらうのは申し訳ないくらい楽ちん。申し訳ないけど、楽ちんは好きなので、この本がもし採算ラインまで売れたなら、あっちゃこっちゃで書きなぐってきたエロ・エッセイをまとめた『えろえろ』シリーズと、主にミニコミに書き続けた、エロやグロではないエッセイ集『もろもろ』シリーズも出すつもり。それぞれ製作日数は三日で、どんどん申し訳なくなる。

前任の連載担当者の箭内史子さん、現在の担当者の幅由美子さんには、「一体いつまでこの連載を続けるつもりだろう」「連載終了を伝えても、原稿のストックがあるため、そのあともずっと連載はやめられないのだろうか」などと不安にさせたことかと思う。これまた申し訳ない。ほっとくと死ぬまで書き続けかねないので、例えば来年いっぱいぐらいで連載を中止にしたいと思ったら、今すぐお伝えください。
また、読者の抗議にもかかわらず、こんな腐れ連載をやらせてくれている『BURRN！』の広瀬和生編集長には、心から感謝している。お世辞でなく、『BURRN！』の編集姿勢には学ぶべき点が多いと思っています。

1998年2月8日記

文庫版あとがき

『エロ街道をゆく』がボチボチ売れたらしく、「また何か出しましょう」との話が編集者からあって、私は『ぐろぐろ』を推した。

『ぐろぐろ』も、その続編である『糞尿タン』（青林堂）も、現在は古本屋で探すしかなくなっている。増刷になった分、『糞尿タン』の方が『ぐろぐろ』より部数が多く、古本屋でも『糞尿タン』の方がまだしも見つかるため、『糞尿タン』のみを読んだ読者から「『ぐろぐろ』は手に入らないのか」と聞かれることが時々ある。だったら、彼らのために文庫にしてあげるといいのではないかと思ったわけだ。

連載が終わって何年も経つのに、「読んでましたよ」と『BURRN!』読者に言われることもあり、あの雑誌の影響力には今更ながらに驚かされる。中には「あの連載は単行本にならないんですか」と言う人もいた。二冊の単行本になったことを知らないのである。「アナルは負けず嫌い」という連載タイトルが強く印象に残り、『ぐろぐろ』だの『糞尿タン』だのといったタイトルを本屋で見かけたところで気づかなかったのかもしれない。

だったら、そういう人たちに向けて、改めて文庫にするのが親切というものではないかとも考えた。

といったように、『ぐろぐろ』を推したのは、読者思いの私ならではの理由があるわけだが、これを文庫にしようと思った最大の理由は楽ちんだからだ。単行本のあとがきにも書いてあるように、楽して金もらえるのが好きなんでゲスよ。

実のところ、「アナルは負けず嫌い」の連載をやっているうちに、ウンコやゲロや血や死体やムシの類ではわかりやすく不快感を得ることができなくなってしまい、「調査活動費をチョロまかす検察官たち」「ワケのわからん法律を次々に通す政治家たち」「あるのかどうかもわからない大量殺戮兵器を口実に戦争をやらかした米英の指導者たち」なんて人たちの方が今ははるかに不快である。

また、連載第一回目から抗議してきた読者のお仲間だと思うが、公序良俗派に対する不快感もいよいよ高まっている。本文に書いてあるように、人に迷惑をかけてはいけないと私は思っているのだが、これも程度によりけりで、駅の隅っこの喫煙所でタバコを吸うことくらいいいではないか。さもなければ酔っぱらって人前に出ることさえも許してはいけないことになって、どんどん住みにくい世の中になり、事実なってきていると思う。

あるいは誰に迷惑かけるわけでもない売買春に反対し、結果働く者たちの労働環境向上の動きを妨害するような人々も心底不快だ。この不快感については『売る売らないはワタシが決める』（ポット出版）あたりを読んで欲しいが、本当は売春する女たちに嫉妬し、憎悪しているだけのクセしやがって、表向きはあたかも善意の人のフリをするその偽善者ぶりが思い切り不快である。

といった今の私からするならば、あんまし『ぐろぐろ』はリアリティがないんだが、今もなお、これを読んで吐きそうになってくれる人がいてくれれば幸いである。

『BURRN!』の連載が終了したあとは、漫画雑誌『ガロ』で「ヘビのとぐろとエロとグロ」という同類の連載を始めたのだが、『ガロ』自体、休刊になったんだか廃刊になったんだか、あるいは今も出ているんだか、なにがなんだかよくわからないことになってしまった。今回の文庫では、そちらに掲載した原稿も一本加えて、読者サービスしてみたたいして不快な原稿じゃないですけどね。

単行本の表紙も気に入っていたのだが、文庫では以前からの知り合いである佑天寺うらんに依頼することになった。遊びの約束はすっぽかすことがあるが、仕事はキッチリやってくれるので、編集者の皆さんは頼んでみてはいかがだろう。

編集作業もたぶん楽ちんだったと思うので、そんなに世話をかけた気はしないが、筑摩書房の松本良次氏には、『エロ街道をゆく』に続いて今回もお世話になった。これがボチボチまた売れたら、次は『糞尿タン』を文庫にしたい。なぜかというと、やっぱり楽ちんだからだ。

この作品は1998年5月にロフトブックスより刊行された。